JN193252

CLAVDIO MONTEVERDE

裏声歌手の モンテヴェルディ偏愛主義　目次

はじめに

《オルフェオ（L'Orfeo）》1607

《聖母マリアの晩課（Vespro della Beata Vergine）》1610

裏声歌手のモンテヴェルディ偏愛主義

演奏・演出の現場から見た《オルフェオ》《ウリッセ》《ポッペア》《ヴェスプロ》

はじめに

裏声歌手がモンテヴェルディを偏愛するわけ

モンテヴェルディが好きだ。

もちろんマレンツィオもフレスコバルディもメールラもヴィヴァルディもスカルラッティも好きだ。ルネサンス&バロックに限らなければ、ロッシーニもヴェルディもプッチーニも大好きだ。そして小学校の音楽室には、なぜゲルマン限定なのかいつも首をかしげるところではあるが、西洋音楽史における偉人として肖像画がかけられている、バッハもヘンデルもモーツァルトもベートーヴェンもシューベルトもシューマンも好きだ。ブリテンやメノッティなど近現代にもお気に入りの作曲家はたくさんいる。それでもなお、特にモンテヴェルディが好きであると公言してはばからないのは、ひとえに彼の作品の持つ魅力にハートを鷲摑《わしづか》みにされているからだ。そして、それは聴衆としてというより、演奏者としてかぎりない敬意を感じているからかもしれない。

筆者はカウンターテナー歌手である。「テノールに対して高い」という意味を持つ声部のラテン語名「コントラテノール・アルトゥス（contratenor altus）」の前半部分が英語読みされると「カウンターテナー（countertenor）」となる。それがいつのまにやら、テノール、バスといった他の声部同様に声種の名前となり、特にファルセットとよばれる〝裏声〟で歌う男声（男性）歌手一般をさす名詞となった。ひと口にカウンターテナーといっても、じっさいには、女声のソプラノ、メゾソプラノ、アルトに相当するさまざまな声域の歌手が含まれており、ひと括りにするのは少々乱暴な話だ。最近ではソプラノの声域を歌える男声ファルセット歌手を、「ソプラニスタ」とよぶこともある。

レパートリーは、倫理的な理由から姿を消したカストラート、つまり変声前の少年に去勢手術をほどこすことで、成長してからも女声の声域を歌えるようにした歌手たちのそれを継承していることが多い。そのため、カストラートが大活躍をしていた一八世紀以前の楽曲、つまりルネサンス、バロック、古典派の音楽に活躍の場を見出すことになる。また、たとえばブリテン《夏の夜の夢》のように、最初からカウンターテナーのために書かれた現代作品ももちろん歌う。

そんなわけで、カウンターテナーである筆者とモンテヴェルディの作品との出会いは宿命であったともいえる。日本の音楽大学を卒業したのち、イタリアでオーディションを受けては歌う機会を少しずつ増やしてきたのだが、その中に最小限の器楽と一〇～一一人のソリスト歌手だけで、モンテヴェルディの《聖母マリアの晩課》をすべて演奏するという仕事があった。くわしくはのちほど別章で述べるが、一七世紀初頭のありとあらゆる様式が盛り込まれ、絶妙なバランスで調和し、ものすごい色彩を放つ巨大なミサ曲に、駆け出しのカウンターテナーは魂を奪われてしまうような感覚を覚えた。そしてこのとき、歌手になる前に偶然購入したCDでこの傑作と出会っていたことに気づき、運命のいたずらに驚いたものだ。その後もソロの声楽作品からマドリガーレ、宗教曲、オペラと、さまざまなジャンルにわたってモンテヴェルディの作品を演奏する機会にめぐまれたことで、彼の作品はすっかり筆者のレパートリーの大きな位置を占めるようになった。

クラウディオ・モンテヴェルディの生涯

ここでモンテヴェルディの生涯について簡単に述べておこう。クラウディオ・モンテヴェルディ（Claudio Monteverdi, 1567–1643）がクレモナに生を享《う》けたのは、ちょうどアマティをはじめとする優秀な職人たちの手によるヴァイオリンの名器を求めに、国内外の音楽家たちがこぞってクレモナを訪れていた頃である。モンテヴェルディは、一五八二年に出版された《三声の聖カンティウンクラ集》から一五九〇年出版の《マドリガーレ集　第二巻》にいたるまで、扉のページで「（マルコ・アントニオ・）インジェニエーリの弟子」を名乗っている。ヴァイオリンをはじめとする擦弦《さつげん》楽器の演奏も、すぐれたヴァイオリン奏者でもあった作曲の師から習ったものと思われる。モンテヴェルディは、さらにオルガン、スピネット、リュート、そして声楽などを学び、早い段階からその音楽的才能を開花させた。

モンテヴェルディの《五声のマドリガーレ集 第一巻》(1587) が出版された年、のちの勤務地マントヴァではヴィンチェンツォ・ゴンザーガが公爵となる。当時のマントヴァでは、フランドル出身の作曲家ジャケス・デ・ヴェルトが宮廷楽長とサンタ・バルバラ聖堂の礼拝堂楽長を兼任していた。《五声のマドリガーレ集 第二巻》が出版された一五九〇年、モンテヴェルディは「ヴィオール奏者」としてマントヴァに雇い入れられ、その後新しい主君のマントヴァ公に、成功作となった《五声のマドリガーレ集 第三巻》(1592) を献呈している。さらに一五九四年には「歌手 (cantore)」に昇進し、ある種の指導者的役割をもになうようになる。またこの年に、イタリアのルネサンス音楽に大きな影響を与えてきた二人の偉大な音楽家、ジョヴァンニ・ピエルルイージ・ダ・パレストリーナとオルランド・ディ・ラッソが亡くなっている。この二人の死は同時に、厳格な対位法をベースにしたポリフォニー声楽曲の衰退、フランドル様式の全盛期の終わりを告げるものでもあった。一五九五年、ヴィンチェンツォ公の対トルコ戦遠征に随行し、臨時の楽長としてハンガリーまで赴《おもむ》いたことで、モンテヴェルディは新たな音楽的な糧《かて》を得た。ただし、この旅行によって出費がかさみ、貧しさがいっそう増した、とのちの手紙の中で嘆いてもいる。翌一五九六年、マントヴァの宮廷楽長であったヴェルトが亡くなるが、年長の同僚パッラヴィチーノが新しい宮廷楽長に任命されたこともモンテヴェルディをひどく失望させた。

一五九八年、フィレンツェでは、音楽史上初のオペラとされるヤコポ・ペーリの《ダフネ》が上演された。フィレンツェのバルディ伯爵のもとに集まったガリレイ、ペーリ、カッチーニ、ストロッツィら音楽家たちと、詩人のリヌッチーニによって構成されたフィレンツェの「カメラータ（camerata）」とよばれるサークルのメンバーたちは、古代ギリシャに範を求め、ことばのデクラメーション（抑揚）とアッフェット（情緒）の表出を追究したことで、結果的にそれ以前の対位法的技術を廃し、通奏低音＝和音伴奏の上で歌い語られるモノディという様式とオペラを生み出した。そしてこの新しい舞台藝術はその後バロックを、そしてイタリアの音楽を代表するものとなる。

モンテヴェルディは一五九九年に宮廷歌手のクラウディア・カッタネオと結婚するが、その直後、ふたたび臨時の楽長として主君にしたがいスイスとベルギーへ赴き、当時のフランス音楽に触れる。この旅は経済的に新たな負担となったものの、フランスの音楽家たちと知り合うことで、「エール・ド・クール（Airs de cour）」（当時のフランス宮廷人の間で流行した世俗歌曲の一ジャンル）の様式に触れることができた。ここから得られた霊感はのちにさまざまな作品として結実しているが、とりわけ一六〇七年に出版された《音楽の諧謔《かいぎやく》》でそのみごとな実践が見られる。

一六〇〇年、フィレンツェにおいてフランス王アンリ四世とマリア・デ・メディチの婚礼がおこなわれ、楽譜が現存する最古のオペラであるペーリ《エウリディーチェ》が初演される。このとき、マントヴァ公国の君主であるヴィンチェンツォ・ゴンザーガが招待客として臨席していたことはとうぜんではあるが、当時の記録によれば、モンテヴェルディもこのオペラの上演に立ち会っていた。西洋音楽史の転換点となる音楽劇上演の翌年となる一六〇一年、パッラヴィチーノが没して、ついにモンテヴェルディが宮廷楽長となる。一六〇三年に《五声のマドリガーレ集　第四巻》が、一六〇五年には《五声のマドリガーレ集　第五巻》が出版される。第五巻の序文でモンテヴェルディは、音楽理論家で作曲家のアルトゥージが一六〇〇年にボローニャで出版した『今日の音楽の不完全さについて』の中で、モンテヴェルディの音楽に向けておこなった批判について反論している。これは、当時すでに彼の名声が高まっていたことの裏返しであるとも考えられる。この作曲家がどれほど注目されていたかがわかるというものだ。

一六〇七年、モンテヴェルディの最初のオペラ《オルフェオ》がアッカデミア・デリ・インヴァギーティのメンバーの前で初演される。アレッサンドロ・ストリッジョの台本によるこのオペラは、明らかにペーリの《エウリディーチェ》と内容が競合している。しかしフィレンツェのカメラータから生まれた作品が、レチタール・カンタンド（語り歌い）に執着するあまり少々音楽的に平坦なものであったのに対して、モンテヴェルディのオペラは、彼が吸収したさまざまなスタイルの音楽をセンス良く配置した、色彩に富む作品に仕上がっている。ストリッジョの台本初版は一六〇七年に、印刷初版譜は一六〇九年に出版された。最初のオペラ上演成功の喜びもつかのま《オルフェオ》初演の年、妻クラウディアが亡くなってしまう。《音楽の諧謔》が同年出版されるが、この不幸が原因となったのか、その序文はクラウディオ本人ではなく、弟のジュリオ・チェーザレが「解説」として「第一作法」と「第二作法」の違いについて述べている。一六〇八年にはフランチェスコ・ゴンザーガとマルゲリータ・ディ・サヴォイアの婚礼にさいしてオペラ《アリアンナ》が初演されるが、残念ながら現在は「嘆きの歌」一曲しか楽譜が残っていない。モンテヴェルディ自身は、この「嘆きの歌＝ラメント」をたいへん気にいっていたようで、のちに五声のマドリガーレとして発表している。このときの婚礼にさいしては《情け知らずの女たちのバッロ》も上演されている。一六一〇年、ローマを訪れ教皇にミサ曲《そのときに》と《聖母マリアの晩課》の出版譜を献呈するが、成果は得られなかった。一六一二年、マントヴァのヴィンチェンツォ公が没し、長男のフランチェスコが公爵となる。新しい公爵は経済の立て直しの一環としてさまざまなリストラをおこない、なんと宮廷楽長であるモンテヴェルディと弟のジュリオ・チェーザレまでをもとつぜん解任してしまう。しかし同年この新しいマントヴァ公は天然痘によって亡くなってしまったため、弟の枢機卿フェルディナンドが爵位を継承する。

二二年にもおよぶ宮仕えから一転して就職浪人となり、故郷のクレモナに戻っていたモンテヴェルディだが、なんという偶然かこのタイミングで、ヴェネツィアのサン・マルコ聖堂の楽長マルティネンゴが一六一三年に亡くなる。そしてサン・マルコ聖堂での演奏のためにヴェネツィアに招かれたモンテヴェルディは、即座にサン・マルコ聖堂礼拝堂楽団長に任命される。しかも用意された待遇も申し分のないものであり、彼は瞬《また》く間《た》にヨーロッパでもローマ教皇庁の楽長くらいしか並ぶ者のない地位に上り詰めたのである。

強大な商業都市であるヴェネツィアは、音楽文化においてもヨーロッパの中心地であった。ガルダーノやアマディーノなどに代表される楽譜出版業者が次々と最先端の音楽を出版するなか、モンテヴェルディの作品も、一六一四年に《五声のマドリガーレ集　第六巻》が、一六一九年には《マドリガーレ集　第七巻》が《コンチェルト集》という題名で出版される。一六二四年にジローラモ・モチェニーゴ邸で《タンクレーディとクロリンダの戦い》が初演されるが、この作品はトルクァート・タッソの叙事詩『解放されたイェルサレム』にもとづく、十字軍の騎士タンクレーディとイスラムの女戦士クロリンダに起きた悲劇を音楽化したものだ。「テスト」とよばれる語り手が物語るなか、ある種の演技をともないドラマが進行してゆく。オペラとマドリガーレの中間をゆくようなこの作品は、擦弦楽器の合奏が音の反復によって激しい戦いの様子などを表す「興奮様式（stile concitato）」を生み出した。この特異な作品は一六三八年に出版された《マドリガーレ集　第八巻「戦いと愛のマドリガーレ」》に収録されている。一六三二年に出版された《音楽の諧謔》ではモンテヴェルディの肩書きとして「司祭」と記されており、彼が聖職者として叙階を受けたことがわかる。その後一六四〇年、宗教曲集《倫理的・宗教的な森》が出版され、モンテヴェルディはここにさまざまな編成のモテットなどを収録し、自身の宗教的声楽曲の総括をおこなっている。

一六三七年に史上初の公開オペラ劇場であるサン・カッシアーノ劇場が開場して以来、貴族の館を飛び出したオペラは商業演劇として進化をとげてゆく。もちろんモンテヴェルディのオペラもこの潮流に乗り、一六四一年、彼の現存する三つのオペラのうちのひとつ《ウリッセ祖国への帰還》が件《くだん》のサン・カッシアーノ劇場で上演されている。続く一六四二年（アラン・カーティスによれば一六四三年）には、モンテヴェルディ最後のオペラであり、神話ではなく史実をもとにしたフランチェスコ・ブゼネッロの台本による《ポッペアの戴冠《たいかん》》が、サンティ・ジョヴァンニ・エ・パオロ劇場において初演される。その翌年の一六四三年、モンテヴェルディはクレモナとマントヴァへ旅したのち、七六歳でヴェネツィアに没する。亡骸はサンタ・マリア・グロリオーザ・デイ・フラーティ教会に埋葬された。

モンテヴェルディ作品を演出する歌手として

筆者はオペラ演出家としても活動している。演出する作品の国や時代はさまざまであるが、やはり自身の演奏経験があるぶんだけ、バロック・オペラについては一日の長があるように思う。世界を見渡せば、モンテヴェルディの現存するオペラ三作にすべて出演したことのあるカウンターテナーなどいくらでもいるに違いない。むしろ筆者自身もそうであるように、あるプロダクションではネローネ、別のプロダクションではオットーネ、とひとつの作品の中で複数の役を経験している歌手も少なくないだろう。しかし、オペラ三作すべての演出も手がけたカウンターテナーは珍しいのではないか。

そこで、演出家として、どのようにモンテヴェルディのオペラと向き合ってきたかについてひと言述べておきたい。以下は、じっさいに《タンクレーディとクロリンダの戦い》と、オペラ三作とを演出したさいに、公演パンフレットに掲載した演出ノートである。（ちなみに《タンクレーディとクロリンダの戦い》は、ヘンリー・パーセル《ダイドーとイニーアス》〔1689?〕とともに一晩のうちに上演されたため、演出ノートでは両作品について言及している）。

「演出ノート」のようなもの～オペラを楽しむためのお手伝い

オペラは一六世紀末のフィレンツェで、知識人、芸術家たちが貴族のサロンに集まり、貴族趣味に合うよう、宮廷で誕生した舞台藝術だ。それゆえ、観客にも文学的・音楽的素養が求められる。先日、ある音楽プロデューサーが、西洋藝術音楽を楽しむためには英語を勉強するくらいの努力は必要といっていたが、そのとおりであると思う。たとえば、歌舞伎を観るにしても、せめて源氏・平家の関係くらいは知っていたほうがだんぜん楽しいし、バロックから古典くらいにかけてのオペラにかんしていえば、ギリシャ神話をざっとおさらいしておくと楽しさ倍増である。

だからといって、会場にわざわざ足を運んでくださるお客様に、勉強しておけというのはあまりにも乱暴であろう。こちらもエンタテインメント&サービス業である以上、楽しんでもらうための工夫はこらさねばならない。

たとえば、自国文化との比較をしたうえで共通項を探し出す試みなどは、異文化理解のためにかなり有効な手段となる。イタリアの中華料理店のメニューにおける餃子《ぎょうざ》が「中華風ラヴィオリ」であるように、だ。

《タンクレーディとクロリンダの戦い》の演出では、一七世紀初頭にオペラとともに誕生した声楽様式「レチタール・カンタンド=語り歌い」と、我が国の平曲《へいきょく》や浄瑠璃《じょうるり》の系譜が、どちらも「語り物」声楽作品であるということに着眼している。

その様式を直感的に理解してもらうため、声楽ソリストたちは義太夫《ぎだゆう》語りのように、テオルボは琵琶《びわ》や三味線のように、舞台上に配置される。そして日舞の踊り手二人がタンクレーディとクロリンダの役をにない、まるで歌舞伎舞踊や文楽のような舞台を創り出す(一六五ページ写真参照)。

日本で出雲《いずも》の阿国《おくに》たちによる歌舞伎踊りが始まり、現存する最古のオペラ《エウリディーチェ》がイタリアでペーリの手によって上演されたのは、偶然にも一六〇〇年代初頭であった。

洋の東西で、時を同じくして、それぞれの文化が誇る劇場総合舞台藝術が生まれた面白さ。そしてペルシャ起源のウードという楽器が、西洋でリュートとなり、もう一方でアジアに伝わりピパから琵琶となり、それぞれの文化圏で「語り物」藝術音楽を伴奏することとなった文化伝播《でんぱ》の広がりを、感じていただければさいわいである。

《ダイドーとイニーアス》では、ベリンダを除くすべての主要な役が、一人二役によって演じられる。

モンテヴェルディ《オルフェオ》における「音楽」「希望」「プロゼルピナ」や、モーツァルト《フィガロの結婚》における「バジリオ」と「ドン・クルツィオ」、「アントニオ」と「バルトロ」の例を引き合いに出すまでもなく、ひとりの歌手が複数の役を演じ分けることはオペラの世界でも意外とポピュラーである。歌舞伎などでは、さらに早替わりで何役もこなし、観客をあっと驚かせることも多い。

複数の役を演じ分けることはすなわち、表現者としての技量を観客にアピールする意味が大きいのだが、女王ダイドーと彼女の破滅を願う女魔法使い、ダイドーと恋に落ちるトロイの王子イニーアスとカルタゴからの出航をうながす船乗り、ダイドーの侍女と魔女など、相反するキャラクターを演じ分けることで、人間の中にある二面性、多面性を表現できれば、と考えている。

この二面性、多面性というものを、さらに舞台全体を使って象徴的に表現するため、「勧善《かんぜん》懲悪《ちょうあく》ではなく、善も悪もあってこそこの世が成り立つ」、というバリ・ヒンドゥー（バリ島の民間信仰と仏教、ヒンドゥー教が習合した信仰）の世界観を導入することとした。

一神教的価値観を基本的に持たないわれわれ日本人の心には、異文化ながら同じアジアに属するかの地の価値観が、不思議な親近感を持ってせまってくるのだ。また「神々と芸能の島」バリの衣装や風俗は、ギリシャの神々が跋扈《ばっこ》し、場面転換のたびにダンスシーンが挿入されるこのオペラを、アジア人の目になじませる不思議な親和力を持っている。

筆者は、イデオロギーなどをあざとく前面に押し出した「読み替えのための読み替え」が好きではない。タッソの叙事詩を歌舞伎舞踊に、トロイ戦争から繋《つな》がるストーリーをバリ風にしておいて、読み替えが嫌いもないと思われるかもしれないが、これはあくまでも、三〇〇年以上前のヨーロッパ舞台芸術を、なるべく食べやすく、美味しく召し上がっていただくためにこらした工夫なのである。それはたとえば、レストランのメニューに殻《から》付き伊勢エビの一品があったら、一度身を外してから調理・提供するようなものである。

以上、演出のコンセプトのようなものを、つらつらと書いてはみたが、最終的に何を感じるかは、演出家によるレッテルではなく、お客様ひとりひとりにまかせたいと思う、というか、とうぜんそういうものだろう。

（二〇〇九年二月八日　横須賀芸術劇場　開館一五周年記念オペラ　モンテヴェルディ《タンクレーディとクロリンダの戦い》・パーセル《ダイドーとイニーアス》公演パンフレットより）

《オルフェオ》演出ノート

オルフェオはギリシャ神話に登場する伝説の天才音楽家だ。彼の音楽は神、人間のみならず、野獣や心を持たぬはずの木や石まで魅了したのだそうな。

オルフェオはエウリディーチェという妻を娶《めと》るが、彼女は草原で花を摘《つ》んでいたさいに毒蛇に足を咬《か》まれ亡くなってしまう。幸せの絶頂にあったオルフェオはいっきに不幸の奈落へと突き落とされる。しかし彼には天才的な音楽の才能があった。愛する妻を取り戻すべく、なんと冥界《めいかい》へと出向き、三途《さんず》の川の渡し守も冥界の王夫妻も音楽で魅了し、妻を地上へ連れ戻すことを許されるのだ。しかし「地上に出るまでは後をついてくる妻を振り返って見てはならない」という条件を守れなかったオルフェオは、永遠に妻を失うこととなる。地上にひとり戻った彼は悲しみのあまり我を失い、エウリディーチェ以外の女性たちを罵《のの》しり、バッカスの巫女《みこ》たちに八つ裂きにされ、その後父神アポッロによって天に上げられるのであった。

オペラは基本的に上記の物語を音楽化したものだ。冥界に亡くなった妻を連れ戻しに行くというエピソードは、日本神話におけるイザナキ＆イザナミの物語にも見られるものである。筆者は中学生の頃、神話の世界に魅了され、各国の物語を読みあさり、その共通点が多いことに気づき少なからず興奮を覚えたが、このエピソードなどまさにその代表ともいえるものであろう。じっさい、オルフェオとエウリディーチェを題材としたオペラ、演劇を日本神話と絡《から》めて演出した作品も多数ある。

しかしながら、この公演ではその世界観を中南米の神話世界とリンクしてみた。インカ、アステカ、マヤなどの具体的な古代文明において崇《あが》められていた神々というよりは、それらの神話から霊感を得たファンタジーの世界である。多神教は世界中に多々あれど、なぜあえて南米にしたのか。その大きな理由は二つある。

まずひとつはアメリカ大陸先住民族がモンゴロイドであるため、われわれ日本人が現地民族風の舞台衣装をつけても比較的違和感なく似合うためである。ヨーロッパの劇場で上演されたプロダクションを、提携公演と称して日本で上演することがあるが、現地の歌手用に製作された衣装やメイクをそのまま利用しても、視覚的に違和感が残ることが多い。ひと昔前の「赤毛もの」とよばれるような西洋風のかつらや付け鼻まで装着しての芝居など、本公演に持ち込むつもりは毛頭ない。西洋の宗教画を見ればわかるように、イエス・キリストや聖母マリアをはじめとする登場人物はすべて、作品が描かれた時代の流行を反映した衣装を身につけている。背景だってゴルゴタの丘ではなくトスカーナの丘陵になっていたりする。ギリシャ&ローマ神話にしても同様で、ボッティチェッリの絵画に登場する女神たちは、皆一様に腹の部分にふんわりと切り返しのあるルネサンス風の衣装を着ているではないか。藝術家たちがそのようにして歴史的なできごとや神話などと向かい合ってきたのだとすれば、現代日本人も違和感なく演じられる、鑑賞できる方法を考える必要があろう。

もうひとつの理由は、これがひじょうに重要であるが、当時の音楽の流行と歴史、文化交流を視覚化するためである。大航海時代にアメリカ大陸が発見され、かの地には宣教師や征服者たちが次々と上陸した。そしてヨーロッパの文化を持ち込んだわけだが、その中にはとうぜんヨーロッパの音楽も含まれていた。そしてその音楽が現地の音楽と融合し、新たな藝術を生み、さらにはヨーロッパに逆輸入されることになった。一七世紀のイベリア半島およびイタリアで爆発的な流行を見せたノリノリのダンス音楽、チャッコーナもそのような出自を持つといわれている。《オルフェオ》にもダンサブルな曲がありとあらゆる場所にちりばめられており、アントネッロのある種〝ラテンなノリ〟が中南米風なヴィジュアルとあいまって、よりいっそう強化されるのではないかと期待している。

（二〇一三年一二月四日　川口リリア　アントネッロ〝オペラ・フレスカ〟《オルフェオ》公演パンフレットより）

《ウリッセ　祖国への帰還》演出ノート雑記

ウリッセ（オデュッセウス）はギリシャのイオニア海に位置するイタカの王である。「トロイア戦争」で活躍したギリシャ側の智将であり、トロイア戦争はホメロスの叙事詩『イリアス』に描かれている一〇年にもおよぶ大戦争である。この大戦争の直接の原因はスパルタの王妃エレナの誘拐《ゆうかい》だが、その大本《おおもと》を探ると、なんとオリンポスの女神たちによる美人コンテストが発端であるのだ。とある結婚披露宴でのこと。「不和の女神」が招待されなかったことを恨《うら》み、宴席に「もっとも美しい女神に」と記された黄金のリンゴを投げ込んだ。すると美貌《びぼう》に自信がある最高女神ジュノーネ、知の女神ミネルヴァ、そして美と愛の女神ヴェーネレたちが、これこそは自分に与えられた贈り物であると主張して争いを始める。この争いをおさめるため、最高神ジョーヴェはメルクリオに「イダ山へ行き、トロイアの王子パリデにいちばん美しい女神を選ばせよ」と命じたため、メルクリオがひとっ飛びしてパリデに黄金のリンゴを手渡すと、王子の眼前に三人の女神たちが現れ、自分を選ぶよう魅惑的な交換条件を提示する。パリデは悩んだ末、ヴェーネレに黄金のリンゴを手渡す。そしてスパルタで王メネラオスの王妃エレナと出会い、ヴェーネレの優勝との交換条件どおり絶世の美女を手に入れることとなる。しかしながら彼女をトロイアへ連れ帰り妻にするということは不倫&略奪愛に他ならない。案の定、激怒したメネラオスは、兄であるアガメムノンが募《つの》ったギリシャ中の英雄とともにトロイアへと攻め入る。こうしてトロイア戦争の火ぶたが切って落とされたが、実はオリンポスの神々も両陣営を応援するべく二手に分かれた。黄金のリンゴを手にしそこねたジュノーネ、ミネルヴァ、そしてネットゥーノがギリシャ側に、対してヴェーネレ、マルテ、アポッロ、ディアナがトロイア側にそれぞれ味方した。

そして長年にわたる大戦争の幕を引いたウリッセは、とうぜん偉大な英雄として祖国に凱旋《がいせん》するはずだった。しかし、あろうことか、彼はこののち一〇年にもおよぶ漂泊生活を強いられる。いったい彼の身に何が起きたのか？　トロイア戦争からの帰路、ウリッセと部下たちはひとつ目巨人ポリフェーモが住む島に立ち寄ることとなり、そこでこの巨人が住まいとする洞窟に監禁される。しかもポリフェーモは朝に夕に、部下たちを食べてしまうため、一行は全滅の危機にさらされる。そこでウリッセは持っていたワインをポリフェーモに飲ませ、上機嫌で酔いつぶれたところを狙《ねら》い、先を尖らせた丸太で巨人のひとつ目を突き刺した。そして次の朝、洞窟から牧草地へと出て行く羊たちの腹の下に隠れて洞窟を脱出したウリッセたちは、船に飛び乗り、急いで出航した。ここでギリシャ一番の智将ともあろう者がひとつ大きなミスを犯す。脱出に成功した興奮からか、ウリッセは自分の名を名乗りながらポリフェーモを嘲《あざけ》ってしまったのだ。ところがポリフェーモの父親は海神ネットゥーノだったため、このウリッセの航海は困難をきわめることとなる。なにしろ出航してもすぐに難破させられてしまうのだから。

　と、まあ、ここまでが今回のオペラにいたるまでの予備知識となる経緯だ。われわれ日本人が少なくとも源平の合戦についてくらいは知っているがゆえに歌舞伎の『義経千本桜』を楽しめるように、ヨーロッパの人々は『オデュッセイア』についての知識もひと通りあるおかげで、本作を楽しく鑑賞できるわけだ。

　さて今回の演出による世界観は「どこの国のどの時代の話かはわからないけど日本風」である。日本文化の遺伝子を存分に取り込みつつも、歌舞伎や能など、既存の伝統芸能そのものに頼ることはしていない。『スター・ウォーズ』のジェダイの服装やダースベーダーのデザインなどが日本の着物や武将の甲冑《かっちゅう》などからヒントを得たものであるのに通じるかもしれない。じっさい、このウリッセの物語によく似たエピソードが我が国の伝統芸能にも残されている。それは幸若舞《こうわかまい》、浄瑠璃、歌舞伎などの題材になっている『百合若大臣《ゆりわかだいじん》』である。部下の裏切りによって祖国に帰還することができなくなった主人公が、苦労の末祖国に戻り、妻に言い寄っていた裏切り者を弓で射殺すという筋であり、ウリッセの英語読みである「ユリシーズ」と「百合若」という名前の類似も興味深い。そんなわけで、このような異文化の共通点を探りながら、今回も楽しくモンテヴェルディ作品の世界を作り上げた。ちなみに舞台にかけられた布は、能舞台の揚げ幕のようでもあり、ペネロペが織り上げた布地でもあり、フェアーチェ人たちの船の帆にも見立てられるようになっている。

（二〇一四年三月二一日　川口リリア　アントネッロ〝オペラ・フレスカ〟《ウリッセの帰還》公演パンフレットより）

《ポッペアの戴冠》演出ノート

この作品のあらすじをまことにわかりやすく、かつ最短で紹介すると、ローマ皇帝ネローネの愛人ポッペアが正妻になるまでの玉の輿《こし》物語だ。もう少していねいに付け加えると、夫の浮気に悩まされているローマ皇后オッターヴィアは、ポッペアの元恋人（史実では元夫）オットーネにポッペアの殺害を命ずるが未遂に終わり、皇后は離縁され島流しとなる。実行犯オットーネは変装用の服を貸してくれた皇后の侍女ドゥルジッラといっしょにローマ追放となる。さらにはネローネの政治顧問《こもん》ともいえる哲学者セネカも、ポッペアとの結婚に反対したことで自害を命じられている。つまりこのオペラでは、主役以外の登場人物に対してあらゆる不幸な結末が用意されているのだ。

しかし、このストーリーを悲劇として捉えたり、不倫を称讃する不道徳な話であると切り捨てたりするのは間違いである。現代の倫理観や道徳観からすると、あまりにも身勝手な二人が権力を笠に自分たちの欲望を押し通そうとしているようにしか思えない物語も、実は、愛し合う二人が目の前に立ちはだかるありとあらゆる困難を乗り越え、最後には結ばれる、という王道恋愛ドラマとして捉えることができる。日本で一時大ブームを引き起こした韓流ドラマなどをみれば一目瞭然《りょうぜん》。主人公がいきなり視力を失ったり、親しい友人の裏切りにあったりと、ナンセンスにも思える大きな障害がつねに愛の成就《じょうじゅ》を阻《はば》もうとするが、最後にはそれを乗り越えて大団円を迎えるではないか。このオペラの物語も本質はまったく同じだ。愛は障害が大きければ大きいほど燃えるものである。

この解釈の論拠となる存在は愛の神アモーレである。彼はプロローグにおいて、自分がこの世の何よりもすぐれた存在であり、自分のちょっとした動きひとつで世界が変わってしまうのだと豪語する。そしてその実例が、不倫の恋からローマ皇后が誕生するという奇跡なのだ。つまり愛に忠実に生きる者は、愛の神の守護を受け、愛を成就し、幸せに過ごすことができると

《ポッペアの戴冠》(2013年上演)の一場面。ローマ皇帝ネローネは裏社会を取り仕切るボスに、対する政治顧問である哲学者セネカは、昔気質な古参の重鎮とした。親分を諫めるが不興を買い、のちに自害を命じられる。

いうことを、この物語をとおしてアモーレはわれわれに見せつけるのである。

演出家の仕事は主に世界観を作ることだと思うのだが、今回もこのオペラ・プロジェクトの主宰者にして主催者、音楽監督で指揮者の濱田芳通氏から「古代ローマ」というキーワードを受け取っている。前回(二〇一三年)は舞台を裏社会に設定し、暴君として名高い皇帝ネローネを歓楽街を中心に暗躍する裏社会のボスとし、正妻オッターヴィアは極道の妻とした。ポッペアは愛人から女を武器に成り上がるセクシー担当で、若頭のオットーネは〝おつとめ〟を果たして娑婆《しゃば》に出てきてみたら、親分に女を寝取られていた。組の相談役セネカは経験豊かな渡世人であるが、組長を諫《いさ》めることで自害を命じられてしまう。などなど、好き放題やらせていただいたのだが、今回は『テルマエ・ロマエ』や『グラディエーター』で目にするような、日本人が思い描く古代ローマのイメージを大事にしてみた。ただし日本のグループが日本で上演する《ポッペア》である。いつヨーロッパに引っ越し公演してもおかしくないように、日本人の魂は込めるつもりである。

そのためのシンボルとして愛の神アモーレの「結界」というものを考えてみた。プロローグで、フォルトゥーナ（運命）が「私から引き離されたら、あなたの信奉者なんて死人同然」とうそぶいているが、このオペラではまさにアモーレの保護下にある二人は幸せな結末を迎え、その成就に敵対したものは皆不幸になってゆく。この構造を視覚的にわかりするため、アモーレの結界を示す「しめ縄」と、彼の力を象徴するハートのシンボルを飾りとして舞台に据《す》える予定だ。

（二〇一七年九月二日　川口リリア　アントネッロ〝オペラ・フレスカ〟《ポッペアの戴冠》公演パンフレットより）

日本の伝統芸能とオペラ

上記演出ノートにも一貫して見られる傾向、というか、筆者自身のコンセプトは、日本に生まれ育った自分と西洋舞台藝術であるオペラとの関係をつねに見直す、ということだ。

二〇一五年、ファビオ・ビオンディ率いるエウロパ・ガランテとともに、ヴィヴァルディのパスティッチョ《メッセニアの神託》を上演したさいは、能舞台や石庭をイメージした舞台装置を使うなど、日本の伝統芸能を取り入れた演出をほどこした。

この〝伝統〟という言葉だが、筆者はつねづね〝伝統〟あってこその〝革新〟だと考えている。ヨーロッパのオペラにひじょうに斬新《ざんしん》な〝現代演出〟が多いのは、やはりもともとそれが彼らの伝統藝術であるからだと考えられる。イタリアの宮廷から始まったオペラがしだいに貴族階級だけでなく民衆に開かれた劇場で上演される藝術になっていった歴史の積み重ねが、オペラにはある。そのうえで、音楽にも演出にもアンチや発展が生まれている。それに加えて、観客の側にもオペラを観る環境が整っていることも大きいだろう。何百年か前にできた劇場がいまだに街の中心にあり、劇場に入っただけでこれから素晴らしい公演を観るという心の準備ができる。だから日本の伝統を取り入れた演出も、筆者としては奇抜な翻案をやっているつもりはなく、自然なことだと考えている。

繰り返すようだが、一五〇〇年代の宗教画に描かれている聖母マリアの服装は、マリアの生きていた時代の服装だろうか？　そこに描かれているのはルネサンスの衣装であり、絵を発注した君主たちの姿も描かれている。その宗教画を見て「奇抜な翻案だ」という美術家はどこにもいない。当時の宗教画にはラテン語がわからない人に向けてキリスト教の物語を説明する役割もあったので、観る人たちに近づける必要があったのだと思う。それならば、われわれ日本人には神楽や能、歌舞伎といったすぐれた芸能があるわけだから、それを利用しない手はない。

日本人がオペラにかかわるさいには、自分たちのアイデンティティである文化背景に目を向けて、いいとこ取りをすればいい。伝統だけに限らず、実相寺昭雄氏が《魔笛》にウルトラマンの怪獣たちを登場させたように、いまや世界的な潮流を作り出しているアニメやマンガ、サブカルチャーを取り入れたっていいではないか。

しかし残念ながら、現在のところ、このような日本文化を積極的に取り入れたオペラ演出はそれほど多くない。筆者は日本のすべてのオペラ演出家に、この素敵な自国文化を使ってオペラを演出してみていただきたいと思っている。観客に「もう日本風は飽きた」といわれるぐらいやってみればいい。劇団☆新感線だって野田秀樹だって、演劇の世界ではネオ・ジャパネスク的なものはいくらでもあるわけで、歌芝居であるオペラだけがいまだに西洋の上演を追いかけているのはとてもつまらない。日本から日本独自の視点によるオペラを発信して、海外に逆輸入させるくらいの勢いでやらないと、この業界はじり貧になってゆくだろう。ヨーロッパの音楽が求心力を失っていったときに、クラシック音楽には、民族音楽を取り込むことで新たな音楽を発展させた歴史があった。それならば、オペラもそろそろ輸入したものを日本で育てて、日本で進化したオペラが世界を席巻《せっけん》してもいい。ほんとうに世界的で通用するものとは、いちばんローカルなものである、というのが筆者の考えである。

本書の楽しみ方について

さてほんらい前書きになるはずの本章でずいぶん饒舌《じょうぜつ》になってしまった。要するに本書は、モンテヴェルディという天才イタリア人作曲家を偏愛するカウンターテナーが、その偏《かたよ》った愛に命じられるがまま筆を走らせたエッセイである。モンテヴェルディの生涯や作品についての学術研究書が必要であれば、音楽学者や研究者による素晴らしい論文や名著がたくさん世に出ているので、ぜひそちらをお読みください。本書では、《聖母マリアの晩課》とオペラ三作《オルフェオ》《ウリッセ 祖国への帰還》《ポッペアの戴冠》という、オーケストラをともなう規模の大きな四作品について、各作品の聴きどころ、見どころを、筆者自身の演奏・演出経験から思い入れたっぷりに述べている。つねづね感じていること、思いの丈《たけ》を原稿用紙にぶつけたようなものであるから、しつこく何度も同じことを述べるかもしれない。かなり偏った意見も散見されるはずだ。そんなときは、モンテヴェルディの熱狂的なファンの暴走を、笑って許していただければさいわいである。最後までどうぞお楽しみください。

L'Orfeo
1607
オルフェオ

裏声歌手はいかにして西洋音楽史を攻略したか

音楽大学で西洋藝術音楽を学ぶ学生の基礎教養科目に「西洋音楽史」がある。バッハやモーツァルトですら何百年か前の作曲家であり、現代の音楽家たちは彼らの作品をありがたく演奏させていただいているわけであるから、とうぜん彼らの生きた時代および文化背景について学ぶ必要がある。しかしながら、実技であればドンと来い、と余裕綽《しやくしやく》々の音大生も、往々にして机に向かってのお勉強は苦手だったりする。少なくとも筆者を筆頭とする声楽科の学生にはその傾向が強かったようだ。そこで、なるべく楽チンに西洋音楽史の概略を把握するために編み出した方法が、「西洋音楽史一五〇年区切り法」である。

バッハが亡くなったのが一七五〇年。これを後期バロックの終焉《しゆうえん》と考え、ここから一五〇年さかのぼると、現存する最古のオペラが上演された一六〇〇年で、これを初期バロックの始まりと覚える。さらに一五〇年さかのぼると一四五〇年で、このあたりにジョスカン・デ・プレが誕生しており、フランドルの音楽家たちによるポリフォニーが花開いている。そしてここから一五〇〇年代をとおしてルネサンス音楽が成熟していく。一四五〇年から一五〇年さかのぼると一三〇〇年で、イタリア音楽に携《たずさ》わる者にとって外すことのできない、ダンテ、ペトラルカ、ボッカッチョが活躍し、イタリアで多声音楽が芽生える「トレチェント」となる。ちなみに一七五〇年から歴史が一五〇年新しくなるとすでに一九〇〇年であり、近現代音楽の領域となる。つまりバッハ没後以降の一五〇年間に、古典派、ロマン派、新古典派、国民楽派などなどがぎゅぎゅっと詰め込まれているわけだ。

カメラータとオペラの誕生

こうしてひじょうにざっくりとした目印を音楽史に記し、それを土台として細かな歴史を覚えていく作戦であるが、それぞれの区分を様式や流行などで、なるべく簡単に表現しようとしたとき、なんといってもわかりやすいのが、バロック音楽である。オペラの誕生、これこそがバロック音楽の始まりといっても過言ではないだろう。一六世紀末のフィレンツェでは、カメラータとよばれるバルディ伯を中心とした教養人のサークルが、古代ギリシャ劇を再現しようとしていた。そしてこれがなぜだかオペラという音楽劇に進化するのだ。カメラータのメンバーは古代ギリシャ研究家のジローラモ・メイが提唱した「古代ギリシャ劇ではセリフは話すというより歌うように語られていた」という説に感化されていたようで、言葉と歌の融合をめざしていた。当時の音楽状況といえば、まだ四声、五声のマドリガーレがイタリア人作曲家たちによって最後の大輪の花を開かせている時期である。しかし革新をめざすカメラータのメンバーは、伝統的な対位法が彼らのめざす感情の表出にふさわしい音楽様式ではないと感じていた。メンバーのひとりで、かのガレリオ・ガリレイの父であるヴィンチェンツォ・ガリレイは

「古代の人々は、竪琴《たてごと》を奏《かな》でながら、ただひとりの人が歌うだけで、何よりもいきいきした強い感動を引き起こすことができたというのに、四声や五声で歌わせながら、なぜテクストの聴き分けもできない始末なのか。対位法なんぞは捨ててしまうべきである」と主張している。これは一五四五年から一五六三年にかけておこなわれた（二回の中断を挟《はさ》む）トレント公会議におけるポリフォニーへの批判と重なるものである。この考えは、リュートやチェンバロなどによる和音伴奏の上でメロディが歌われる「モノディ」を生み出す。楽器による持続的な低声部は、そこに和声をともない「通奏低音」を完成させてゆく。ようするに、乱暴なまとめ方ではあるが、再生されたギリシャ劇は、簡単な和音伴奏にのせて演者がテクストに含まれる感情を朗々と独唱する、というスタイルで上演されることになったのである。

世界最古のオペラ

こうして一五九八年にはヤコポ・ペーリの《ダフネ》が、そして一六〇〇年にはペーリとジュリオ・カッチーニそれぞれの《エウリディーチェ》が上演された。ただしこれらの作品は、正直にいってまだ実験的なレヴェルにあり、たとえば現在バロック・オペラが世界中の歌劇場で〝ふつうに〟上演される状況下にあっても、なかなか実演に出会えない。そんななか、濱田芳通氏主宰のアントネッロが、バロック・オペラ・シリーズ〝オペラ・フレスカ〟でカッチーニの《エウリディーチェ》を二〇一六年に上演した。筆者も歌手として参加したのだが、やはり原曲譜を見ても、さほど音楽的求心力があるとも思えず、いったいどうなることかと少々心配ではあった。しかしながら音楽監督である濱田氏のディレクションによって、構成、楽器編成、アレンジ、リアリゼーション、音楽装飾等、細部にわたり手が加えられたことで、最終的に素晴らしい舞台となっていた。

さて、カッチーニやペーリのオペラが実験的作品の域を超えていないという意見に賛否はとうぜんあると思うが、モンテヴェルディの筆による《オルフェオ（L'Orfeo）》が、オペラ黎《れい》明《めい》期の傑作であることについては異論も少なかろう。一六〇七年二月二四日にマントヴァ公爵宮で、アッカデミア・デッリ・インヴァギーティの会員を前に初演された《オルフェオ》は、作曲家が仕えていたゴンザーガ家の公子フランチェスコに献呈されている。フランチェスコと弟フェルディナンドは、当時の貴族の例にたがわず、みずから藝術に親しんでいたため、フィレンツェで上演された新しい形式の音楽劇にもとうぜん興味を示していた。モンテヴェルディ自身も、ペーリ《エウリディーチェ》がメディチ家の婚礼で初演されたさい、招待客として新しい舞台藝術の誕生を目のあたりにしていた可能性がある。マントヴァ公国ではじめて上演されたオペラが、エウリディーチェの夫オルフェオの名をタイトルとし、毒蛇に咬まれて亡くなってしまった妻を、音楽の力をもって冥界へ取り戻しにゆくという物語であることは、明らかにペーリやカッチーニの作品と競合しているが、これもけっして偶然ではあるまい。

オーケストラの原点でもあった《オルフェオ》

《オルフェオ》は「トッカータ」とよばれる器楽による序曲から始まる。上行形の順次進行を駆け上がるトランペットが輝かしく鳴り響く。「序曲」と述べたが、一六一〇年の《聖母マリアの晩課》の第一曲にも登場するこの旋律は、ゴンザーガ家のファンファーレであると考えられている。

モンテヴェルディは、使用楽器についても詳しく言及しており、《オルフェオ》はオペラとしての最初の傑作であるだけではなく、その後のオーケストラの編成や使用法の原点となった作品であるともいえる。

一六〇九年に出版されたスコアの最初には使用楽器の一覧があり、そこには、二つのチェンバロ、二つのコントラバッソ・デ・ヴィオラ（低音の擦弦楽器）、一〇のヴィオラ・ダ・ブラッツォ（ヴァイオリン属）、一つのアルパ・ドッピア（ハープ）、二つのフランス風小型ヴァイオリン、二つのキタローネ（大型リュート）、二つの木製パイプオルガン、三つのバッソ・ダ・ガンバ（低音のヴィオラ・ダ・ガンバ）、四つのトロンボーン、一つのレガーレ（金属リードのオルガン）、二つのコルネット、一つの高音リコーダー、一つのクラリーノ（高音域のトランペット。ただし「クラリーノ」はがんらい楽器の名前ではなく自然倍音楽器における第八倍音以上の音域をさす）と、三つの弱音器付きトランペットが記されている。当時の演奏習慣として、使用楽器の選択もおおむね奏

PERSONAGGI.

La Muſica Prologo.
Orfeo.
Euridice.
Choro di Ninfe, e Paſtori.
Speranza.
Caronte.
Choro di Spiriti infernali.
Proſerpina.
Plutone.
Apollo.
Choro de Paſtori che ſecero la moreſca nel fine.

STROMENTI.

Duoi Grauicembani.
Duoi contrabaſſi de Viola.
Dieci Viole da brazzo.
Vn Arpa doppia.
Duoi Violini piccoli alla Franceſe.
Duoi Chitaroni.
Duoi Organi di legno.
Tre baſſi da gamba.
Quattro Tromboni.
Vn Regale.
Duoi Cornetti.
Vn Flautino alla Vigeſima ſeconda.
Vn Clarino con tre trombe ſordine.

1609年に出版された《オルフェオ》のスコアの、登場人物一覧（左）と使用楽器一覧（右）のページ者に任されていたのだが、この作品では作曲家によって使用場面や数が指定されており、登場人物や場面によって使い分けられる。たとえばオルフェオが歌う場面では、ハープや木製オルガンが使用されるが、冥界の番人であるカロンテの後ろではレガーレが鳴っているという具合だ。

プローロゴと「音楽」

音楽：
愛するペルメッソ川からやって来ました
気高き英雄たち　高貴な王の血族のみなさま
「名声」がみなさまの栄《は》えある偉業を語っていますが
高みにあるみなさまの真の功績にはおよびません

私は「音楽」　甘い調べによって
荒れたどんな心でも鎮《しず》められます
時に気高い怒りで　時に愛によって
凍《い》てついた心ですら燃え上がらせることができます

La Musica:
Dal mio Permesso amato à voi ne vegno,
Incliti Eroi, sangue gentil de' Regi,
Di cui narra la Fama eccelsi pregi,
Né giunge al ver, perch'è tropp'alto il segno.

Io la Musica son, ch'ai dolci accenti
Sò far tranquillo ogni turbato core,
Et hor di nobil ira, et hor d'Amore
Poss'infiammar le più gelate menti.

私は金の竪琴にのせて歌い
しばしば人間の耳を楽しませます
そしてこうして魂に天上の竪琴による
音楽のハーモニーを渇望させるのです

ゆえオルフェオについてお話ししたいのです
オルフェオの歌に猛獣さえ魅了され
彼の願いに冥界ですらしたがった
ピンドス山とヘリコン山の神々しい栄光について

喜びの歌　悲しみの歌が繰り広げられるあいだ
こちらの枝の小鳥も動かぬように
こちらの川のさざめく波も音を立てぬよう
そしてすべてのそよ風も吹き止んでいるように

Io su Cetera d'or cantando soglio,
Mortal orecchio lusingar talora;
E in questa guisa à l'armonia sonora
De la lira del ciel più l'alme invoglio.

Quinci à dirvi d'Orfeo desio mi sprona,
D'Orfeo che trasse al suo cantar le fère,
E servo fé l'Inferno à sue preghiere,
Gloria immortal di Pindo e d'Elicona.

Hor mentre i canti alterno, hor lieti, hor mesti,
Non si mova Augellin fra queste piante,
Né s'oda in queste rive onda sonante,
Et ogni auretta in suo camin s'arresti.

華やかなトッカータが終わると、プローロゴ（プロローグ、序幕）が始まる。初期バロック・オペラを特徴づける要素のひとつがこのプローロゴだ。パターンとしては、物語の本筋における主題が擬人化して登場することが多い。たとえば、ペーリの作品では「悲劇」が登場する。モンテヴェルディの《ウリッセ祖国への帰還》では「人間の儚《はかな》さ」が登場し、「運命」「愛」「時」にさんざん嬲《なぶ》られ、《ポッペアの戴冠》では、「運命」と「美徳」が言い争うところに「愛」が登場し、自分の力がいかに強大であるかをこれからお目にかけよう、といって本編に移るという構造だ。つまり、学校の国語のテストで「この文の主題はなんですか。二〇字以内で答えなさい」という問いがしばしば出題されるが、バロック・オペラでは、プローロゴにわかりやすく答えが用意されているというわけだ。《オルフェオ》では「音楽」が登場し、これからお聴きいただくのは、高貴な観客をはじめとするいま生きている人々の功績を讃えるものではなく、冥界の住人ですら心動かされた、天才音楽家オルフェオについての物語であると告げる。バロック・オペラの約束にしたがえば、この「音楽」そして「音楽の力」こそドラマの主題となる。オペラ史に燦然《さんぜん》と輝く最初の傑作の主題が「音楽が持つ力」であるとは、あまりにもできすぎている気もするが、これ以上ふさわしいテーマもなかろう。

オルフェオ伝説と日本神話

中学生の頃、世界の謎と不思議が大好きだった。とうぜんのようにオカルト雑誌『ムー』も愛読していた。もともと特撮ヒーローに憧《あこが》れ、キャプテン・フューチャーにはじまるハヤカワSFを読みあさり、『スター・ウォーズ』にハマリ、将来の夢がジェダイであったためか、空想上の存在や超自然的なもの全般に魅了される素地があったのだろう。超能力もUFOも怪奇現象も大好きだ。古代文明やオーパーツ、神や悪魔といった存在にも強く惹《ひ》かれていた。そのためか、夏休みの自由研究に、世界の神話の類似点、共通点をまとめたレポートを提出したことがある。我ながらかなりの情熱を傾けた大作であったが、いちばん印象に残っているのは、日本神話におけるイザナキとイザナミ、ギリシャ神話におけるオルフェオとエウリディーチェの物語に共通点が存在するということだ。亡くなった妻を連れ戻しに死者の世界まで赴き、彼女を連れ帰れることになったものの、地上に出るまでその姿を見てはいけないといわれた禁を破ったため永遠に妻を失うと、まったく同じ設定になっているのだ。その後の結末は違えども、地理的にも文化的にもこれほど大きな隔《へだ》たりがある二つの国で、こんなにも似通った神話のエピソードがあることに驚いた。もっとも先日も、平城宮跡から出土した木簡にペルシャ人の役人とみられる名前があったという新聞記事を読んだばかりだから、日本に当時から、いや、中国などとの交流を考えればそれ以前から、地中海文化が日本に伝わっていてもおかしくはない。愛する人を取り戻しに冥界まで行くというエピソードは、現代よりもっと死が身近であった時代、文化や宗教の違いを超えて人々の共感を得たのではないか。

ちなみにモンテヴェルディ自身も妻のクラウディアを、一六〇七年二月の《オルフェオ》初演後、九月に亡くしている。作品はマントヴァでの初演後、クレモナ、トリノ、フィレンツェなどでも上演され、一六〇九年と一六一五年に正式なスコアが出版されている。後述するようにこのプライヴェートな悲劇が、初演版と一六〇九年版の結末の違いに影響を与えていると考えるのはいささか憶測がすぎるだろうか。

パストーレ：
我らの半神の愛の悩みに終止符が打たれた
この喜ばしく幸せな日に
讃え歌おう　パストーレたちよ
我らの調べがオルフェオにふさわしくあるよう
甘美な言葉によって
［別のパストーレ：］
美しきエウリディーチェの
尊大だった魂も
Pastore:
In questo lieto e fortunato giorno
C'hà posto fine à gl'amorosi affanni
Del nostro Semideo, cantiam, Pastori,
In sì soavi accenti,
Che sian degni d'Orfeo nostri concenti.
[Altro Pastore:]
Oggi fatta è pietosa
L'alma già sì sdegnosa

今日慈悲深くなった
この森で彼女の心ゆえにため息をつき涙を流した
今日は彼女のその胸に抱かれ
オルフェオは幸せになった

［別のパストーレ：］
それでは我らの半神の愛の悩みに終止符が打たれた
この喜ばしく幸せな日に
讃え歌おう　パストーレたちよ
我らの調べがオルフェオにふさわしくあるよう
甘美な言葉によって

ニンファとパストーレの合唱：
来たれ　結婚の神イメネオよ　さあ来たれ
あなたの燃え上がる松明《たいまつ》が
この恋人たちに晴れやかな日を運んでくる
生まれたての太陽のようであるように

De la bell'Euridice.
Oggi fatto è felice
Orfeo nel sen di lei, per cui già tanto
Per queste selve ha sospirato e pianto.

[Altro Pastore:]
Dunque in sì lieto e fortunato giorno
C'ha posto fine à gl'amorosi affanni,
Del nostro Semideo, cantiam, Pastori,
In sì soavi accenti,
Che sian degni d'Orfeo nostri concenti.

Coro di ninfe e pastori:
Vieni Imeneo, deh vieni,
E la tua face ardente
Sia quasi un sol nascente
Ch'apporti a questi amanti i dì sereni.

そして　不安や苦しみの恐怖や陰から
いまや遠ざけられるのだ

ニンファ：
芸術の女神ムーサたちよ　パルナーゾの誉《ほま》れ　天の愛よ
悲嘆にくれた心のやさしき慰めよ
あなたたちの鳴り響くチェトラが
すべて黒雲のヴェールを引き裂いてしまいますように
そして今日の佳《よ》き日　我らのオルフェオのもとに
イメネオを召喚《しょうかん》するあいだ
あなたたちの歌が　良く調律された弦で奏でる
我らの調べに調和しますように

E lunge homai disgombre
Da gl'affanni e del duol gl'orrori e l'ombre.

Ninfa:
Muse, onor di Parnaso, amor del Cielo,
Gentil conforto a sconsolato core,
Vostre cetre sonore
Squarcino d'ogni nub'il fosco velo:
E mentre oggi propizio al nostro Orfeo
Invochiam Imeneo,
Su ben temprate corde,
Sia il vostro canto al nostro suon concorde.

オルフェオの物語

オルフェオは、文芸を司《つかさど》る女神たちムーサ（ミューズ）のひとりであるカリオペとトラキア王との子、もしくは音楽の神でもあるアポッロ（アポロン）との子ともいわれている天才音楽家である。彼の弾く竪琴の音色には、野獣たちや心がないはずの木々や岩までもが魅了されたという。モンテヴェルディのオペラ《オルフェオ》第一幕は、オルフェオとニンファであるエウリディーチェとの婚礼から始まる。パストーレの歌に導かれるように始まる華やかなコーラスは舞曲の浮き立つようなリズムを奏で、器楽によって挿入されるリトルネッロもまた楽しげな婚礼の様子を描き出す。

オルフェオ：
全世界を司る者の子にふさわしい
天上のバラ　世界の生命の源
輝ける天の軌道から
万物を包み込み　すべてを見つめる太陽よ
いってください　私よりも喜びにあふれ
幸運に満ちた恋人を見たことがありますか？
かの日はじゅうぶんに幸せだった
愛《いと》しい人よ　君を知る前の日は

Orfeo:
Rosa del ciel, vita del mondo, e degna
Prole di lui che l'universo affrena,
Sol, che 'l tutto circondi e 'l tutto miri
Dagli stellanti giri:
Dimmi, vedesti mai
Di me più lieto e fortunato amante?
Fu ben felice il giorno,
Mio ben, che pria ti vidi,

かつて君のためにため息をつき
僕のため息ゆえに君がため息をついていたときより
いまはもっと幸せだ
貞節の証《あかし》となる純白の手が
僕に差し出されている瞬間が
最高に幸せなんだ
永遠の天にある星の数ほどに
緑の五月の心地良い丘に茂る　木々の葉の数ほどに
もし僕がたくさん心を持っていたのなら
それらすべてが絶頂に達してあふれるだろう
今日僕を満たす喜びゆえに

エウリディーチェ：
オルフェオ、私はあなたの喜びにさいして
私の喜びがどれほどのものかをいうことなどできません
私の心は私とともにあるのではなく
アモーレとともにあなたのもとにあるのだから

E più felice l'ora
Che per te sospirai,
Poich'al mio sospirar tu sospirasti;
Felicissimo il punto
Che la candida mano,
Pegno di pura fede, a me porgesti.
Se tanti cori avessi
Quanti occhi ha 'l ciel eterno, e quante chiome
Han questi colli ameni il verde maggio,
Tutti colmi sarieno e traboccanti
Di quel piacer ch'oggi mi fa contento.

Euridice:
Io non dirò qual sia
Nel tuo gioir, Orfeo, la gioia mia,
Che non ho meco il core,
Ma teco stassi in compagnia d'Amore.

どれほど私が幸せに喜び　あなたを愛しているかを
知りたいのなら彼に尋ねてみてね

Chiedilo dunque a lui s'intender brami
Quanto lieta gioisca e quanto t'ami.

婚礼の中でオルフェオは、自身の父とされる太陽神アポッロを讃え歌う……ようなふりをして、エウリディーチェとの結婚をこれでもかとノロケる。歌詞だけ聴いていると、その臆面《おくめん》のなさにこちらが赤面しそうだが、これをモンテヴェルディは、アリオーゾとはかくあるべしとお手本を示したのかと思えるほどアッフェット（感情の表出、とでもいえようか）豊かな独唱を書き上げた。恥ずかしながら筆者は、学生の頃しばらくのあいだ「天上のバラ」は、エウリディーチェを「君は天国のバラさ！」と褒《ほ》め讃える歌だと勘違いしていた。いや、確信していた。どう考えても布施明の《君は薔薇《ばら》より美しい》が刷り込まれていたせいだろう。

エウリディーチェの死

女性の使者（シルヴィア）：
花咲く草原に

Messaggiera (Silvia):
In un fiorito prato,

他の友人たちと
彼女の髪を飾る花輪を作るために
花を摘みに行きました
そのとき草むらに隠れていた
毒蛇が彼女の足に
毒牙で咬みついたのです
するとみるみるうちに
美しい顔は色あせ　彼女の瞳は
かつて太陽ですら恥じたその輝きを失いました
私たち皆が驚愕《きょうがく》し打ちひしがれ
彼女を取り囲み　失われつつある魂を
なんとか引き戻そうと
冷水や強力な呪文を使いました
しかし　ああ　なんも効果なく
彼女は弱々しくなんとか目を開け
オルフェオ　あなたをよびました
彼女は重いため息のあと

Con l'altre sue compagne
Giva cogliendo fiori
Per farne una ghirlanda a le sue chiome,
Quand'angue insidioso,
Ch'era fra l'erbe ascoso,
Le punse un piè con velenoso dente.
Ed ecco immantinente
Scolorirsi il bel viso e nei suoi lumi
Sparir que' lampi, ond'ella al sol fea scorno.
Allor noi tutte sbigottite e meste
Le fummo intorno, richiamar tentando
Gli spirti in lei smarriti
Con l'onda fresca e con possenti carmi,
Ma nulla valse, ahi lassa,
Ch'ella i languidi lumi alquanto aprendo,
E te chiamando, Orfeo,
Dopo un grave sospiro,

この腕の中で息を引き取りました
そして私は憐《あわ》れみと恐怖で心がいっぱいになったのです

オルフェオ：
私の命であるおまえは死んでしまった
それなのに私は生きているのか
おまえは私を永遠に置き去りにしてしまった
おまえは二度と戻らないのに　私はここに留まるのか
いや　私の歌になんらかの力があるならば
かならずや冥界の深淵《しんえん》へと行こう
そして亡霊たちの王の心をやわらげ
ふたたび星を見るため　私とともにおまえを連れ帰ろう
もしも非情な宿命が私を拒むなら
死の伴侶としておまえとともに留まろう
さらば大地よ　さらば天よ　太陽よ　さらば

Spirò fra queste braccia; ed io rimasi
Piena il cor di pietade e di spavento.

Orfeo:
Tu se' morta, mia vita,
ed io respiro? tu se' da me partita
se' da me partita per mai più
per mai più non tornare, ed io rimango?
No, che se i versi alcuna cosa ponno
n'andrò sicuro a' più profondi abissi,
e intenerito il cor del re de l'ombre
meco trarrotti a riveder le stelle.
O se ciò negherammi empio destino
rimarrò teco in compagnia di morte,
a dio, terra; a dio, cielo; e sole, a dio.

第二幕冒頭、器楽の心浮き立つようなシンフォニアに続く、愛する森や丘を讃える優美なシャンソン形式の歌は、オルフェオの幸せをなおも舞台上に描き出す。ところが、不意に現れたエウリディーチェの友人であるニンファ、シルヴィアの絶叫によってその場の空気は一変する。草原へ友人たちと花を摘みに行ったエウリディーチェが、毒蛇に咬まれ命を落としたのだ。まさにドラマは急転。エウリディーチェの死にいたる経緯を物語るメッサッジェーラ（女性の使者。「シルヴィア」はその場にいるパストーレによって明かされる彼女の名前）のソロと、続くオルフェオの嘆き〈私の命であるおまえは死んでしまった〉は、レチタティーヴォ形式で書かれているのだが、はからずも「死を告げ忌み嫌われるカラス」のような存在となったシルヴィアの苦悩と、最愛の妻を失ったオルフェオの悲しみが、捻《ね》じ曲がった半音進行や悲痛な不協和音によってみごとに表されている。

これほどまでに、音楽によって劇的な展開を描き出した作品があっただろうか。この第二幕の存在こそが、四〇〇年以上時をへた現在も繰り返し《オルフェオ》が上演され続ける理由なのだと思う。

シルヴィアの悲痛な叫びは、パストーレとニンファたちのコーラスに受け継がれ、さらにプローロゴに登場したムジカのテーマともいえる器楽モティーフが静かに幕を下ろす。

妻を取り戻しに冥界へ

オルフェオ：
あなたに付き添われて 私の神よ
死の苦しみに喘《あえ》ぐ者にとっての
唯一なる善　希望よ　私はいまやたどり着いた
この陰気で闇に包まれた王国へ
太陽の光がもはや届かない場所に
案内人であり私を導く者であるあなたは
こんなに奇妙で知られざる道のりにおいて
弱々しく震える足取りを支えてくれた
それゆえ私は今日まだ期待しているのだ
私の目に唯一太陽を取り戻してくれる
あの幸せな瞳をふたたび目にすることを

希望：
ここは暗き湿原　あれが渡し守

Orfeo:
Scorto da te, mio Nume,
Speranza, unico bene
De gl’afflitti mortali, homai son giunto
A questi mesti e tenebrosi regni
Ove raggio di Sol già mai non giunse.
Tu, mia compagna e duce,
In così strane e sconosciute vie
Reggesti il passo debole e tremante,
Ond’oggi ancora spero
Di riveder quelle beate luci
Che sol’a gl’occhi miei portan il giorno.

Speranza:
Ecco l’atra palude, ecco il nocchiero

死者の魂を向こう岸へと連れて行く
冥界の王プルトーネが治める広大な闇の王国へ
あの黒い水の向こうに　あの川の向こうに
あの涙と悲しみの地に
慈悲なき〝宿命〟がおまえの愛する人を隠しているのです
いまこそ勇気と美しい歌が必要とされるときです
ここまでおまえを導いてきましたが　もう許されません
おまえと行くことを　厳しい法が禁じるのです
地底の王宮への恐ろしい入口にある
鉄をもって硬い石に刻まれた法が
このような注意書きによって残忍な意志を表すことで
「すべての希望を捨てよ　入場する者たちよ」
それゆえもしこの悲しみの都へと足を踏み入れることを
おまえが心に決めているのであれば
私はおまえから離れ去り
つねの住処《すみか》へと帰らねばなりません

Che trae l'ignudi spiriti à l'altra riva,
Dove hà Pluton de l'ombr'il vasto impero.
Oltre quel nero stagn', oltre quel fiume,
In quei campi di pianto e di dolore,
Destin crudele ogni tuo ben t'asconde.
Hor d'uopo è d'un gran core e d'un bel canto.
Io sin qui t'ho condotto, hor più non lice
Teco venir, ch'amara legge il vieta,
Legge scritta col ferro in duro sasso
De l'ima reggia in sù l'orribil soglia,
Ch'in queste note il fiero senso esprime:
"Lasciate ogni speranza, ò voi ch'entrate."
Dunque se stabilito hai pur nel core
Di porre il piè ne la Città dolente,
Da te me'n fuggo e torno
A l'usato soggiorno.

第三幕は亡くなった妻を取り戻すため、〝希望〟に導かれたオルフェオが冥界へと赴くシーンから始まる。しかし〝希望〟は冥界への入口に掲げてある掟《おきて》「すべての希望を捨てよ　入場する者たちよ」により、それ以上いっしょに行くことができない。この一文はかのダンテ・アリギエーリが記した『神曲』地獄編の第三歌第九行に現れるものだ。この場面になるたび、日本人のみならずオペラ鑑賞者および演奏者は、ギリシャ＆ローマ神話やキリスト教、そしてイタリア古典文学についての知識が必要になるのだと思い知らされる。また〝希望〟という寓意の人物が神として、直接登場人物と会話しかかわりを持っていることもひじょうに興味深い。《ウリッセ　祖国への帰還》ではミネルヴァが直接ウリッセやテレマコとか接触するし、《ポッペアの戴冠》ではパッラデやメルクリオといったギリシャ＆ローマ神話の神々がセネカと言葉を交わすが、通常「神」としてのキャラクターを確立しているわけではない「概念」がオルフェオを導くところが面白いではないか。

ひとり残されたオルフェオは渡し守カロンテに、冥界の境を流れる川を渡してくれと懇願する。この嘆願の歌〈力ある霊よ　恐るべき神よ〉は、途中に器楽のオブリガートを挟む長大なアリアであり、譜面を見るとオルフェオのパートは上下二段に分けて印刷されている。どういうことかというと、骨組みとなるもとの旋律に対して、当時の演奏習慣としておこなわれてきたディミヌツィオーネ、つまり細分化された音楽装飾をほどこした声楽パートが併記されてい

〈力ある霊よ　恐るべき神よ〉の楽譜。オルフェオのパートは、上下２段分あるのがわかる。

るのだ。これは現代の声楽家をはじめとする初期バロックの演奏者にとって、当時の演奏習慣を知るための貴重な資料であると同時に、当時の歌手にとっても高度な歌唱技術が求められる腕試し的な作品として見なされていたのではあるまいか。その譜面はまるで練習曲か難解な現代音楽のように細かい音符で黒々と埋められている。

以前筆者は、一六世紀の多声マドリガーレがどのように音楽装飾され、編曲されたのか、というテーマで、チェンバリストのシルヴィア・ランバルディ氏とともにCDを録音したことがあり、そのさい参考にしたリコーダーやコルネット、擦弦楽器のための教則本に記されている音楽装飾例を忠実に演奏してみようと試みたが、あまりの超絶技巧にまさしく「音《ね》を上げた」。だからといって、もともと声楽のために書かれていないのだからむずかしいのだろう、という言い訳がつうじるわけもない。たとえば一六世紀末にフェッラーラのエステ家で結成された三人の女性演奏家ユニット「コンチェルト・デッレ・ダーメ（貴婦人たちのコンチェルト）」のために書かれた声楽曲は、のきなみ同時代の教則本に勝るとも劣らない超絶技巧が要求されているのだ。藝術をこよなく愛したイザベッラ・デステがマントヴァのゴンザーガ家に輿入れして以来、両家の関係もより密接になっていたであろうし、ゴンザーガ家に仕えるモンテヴェルディもとうぜんエステ家の宮廷音楽家たちの影響は多分に受けている。特にコンチェルト・デッレ・ダーメは後期ルネサンスのアイドル・グループといっても過言ではないほどの人気を博し、イタリア中に模倣《もほう》グループができたくらいだ。彼女たちが歌うレヴェルの音楽装飾が、一六〇七年のモンテヴェルディ作品に現れてもまったく不思議ではない。

オルフェオ：
力ある霊よ　恐るべき神よ
肉体から離れてしまった魂を向こう岸へ渡さないのは
無意味なことではありませんか

Orfeo:
Possente spirto, e formidabil nume,
Senza cui far passaggio a l'altra riva
Alma da corpo sciolta invan presume;

私は生きておりません　愛しい花嫁の命が失われてから
心はもう私とともにありません
心もなしにどうして私が生きていられようと？

Non vivo io, nò, che poi di vita è priva
Mia cara sposa, il cor non è più meco,
E senza cor com'esser può ch'io viva?

彼女に向かって闇の中を歩んできました
地獄へではありません　どこであれ
素晴らしい美のあるところには天国があるのです

A lei volt'ho il camin per l'aer cieco
Al inferno non già, ch'ovunque stassi
Tanta bellezza il Paradiso ha seco.

私はオルフェオです　エウリディーチェの後を追い

Orfeo son io, che d'Euridice i passi

この闇に包まれた地へやってきました
いまだかつて人間がやってきたことのないところへ

ああ　私の瞳の晴れやかな光よ
まなざしひとつで私に命が戻るだろう
ああ　誰が私の苦しみへの慰めを拒むのだ？

あなただけが　高貴な神よ　私を助けられるのです
神々を恐れることはない　金のチェトラの上で
祈りをも虚しくする非情な魂に対して
指を柔らかな弦で武装するだけだ

カロンテ：
おまえの嘆きとおまえの歌を
気に入って
大いに心が動かされたぞ
悲嘆にくれた歌い手よ

Segue per queste tenebrose arene,
Ove già mai per huom mortal non vassi.

O de le luci mie luci serene,
S'un vostro sguardo può tornarmi in vita,
Ahi chi niega il conforto a le mie pene?

Sol tu, nobile Dio, puoi darmi aita,
Né temer dei ché sopr' un aurea Cetra
Sol di corde soavi armo le dita
Contra cui rigid'alma invan s'impetra.

Caronte:
Ben mi lusinga alquanto
Dilettandomi il core,
Sconsolato Cantore,
Il tuo piant'e 'l tuo canto.

しかし　ああ　慈悲などわしの胸から遠ざかってしまえ　Ma lunge, ah, lunge sia da questo petto
わしの武勇にふさわしくない感情など　Pietà, di mio valor non degno effetto.

音楽の力で冥界王夫妻を説得

オルフェオの長大かつ超絶技巧のアリア〈力ある霊よ　恐るべき神よ〉は、擦弦楽器であるヴァイオリンと吹奏楽器のコルネット、そして撥弦《はつげん》楽器のハープと、それぞれ発音機構の異なる三種の楽器によるオブリガートをともなって演奏される。オルフェオ自身はチェトラともリラともよばれる楽器をともなって歌うわけであるから、オルフェオをモティーフとした絵画などを見るかぎり、ハープもしくはリラ・ダ・ブラッチョなどの擦弦楽器による合いの手がオペラとしてはハマりそうな気がするが、オルフェオが手を替え品を替えカロンテを説得しようとしている様は、さまざまな楽器で音色をガラッと変えたほうがうまく表現できると考えたのだろうか。付け加えるとすれば、当時の教則本の前書きにも「人間の声にいちばん近い」と書かれていたコルネットがオブリガートも演奏することで、オルフェオの声なき歌が表現されることを期待したのだろう。

オルフェオの歌と竪琴の調べにうっとりと聴き惚《ほ》れたカロンテは、ついに心地良い眠りにつ

冥界王夫妻とオルフェオの謁見《えつけん》の場に霊たちが現れる。この演出では、ギリシャ神話の物語を中南米神話のキャラクターとリンクさせている。チャッコーナが、ヨーロッパから持ち込まれた音楽と現地の音楽が結びつき、逆輸入されスペインやイタリアで大流行したのではないかという説から着想をえた。

いてしまう。その隙《すき》にオルフェオは川を渡り、第四幕において、ついに冥界の王夫妻プルトーネとプロゼルピナと対面することになる。この対面のシーンで、冥界の王はオルフェオの音楽に感動するというより、自分たちの馴《な》れ初《そ》めをもまじえながら王妃が語りかける嘆願に心を動かされ、オルフェオにエウリディーチェを連れ帰ることを許可する。もともとプロゼルピナを見初めたプルトーネが無理やり地上から冥界へと連れてきた経緯があるためか、愛する妻のおねだりに鼻の下を伸ばした王が、厳しく変えがたいはずの掟をわりとあっさり変更してしまっているのがなんだか笑える。ここでいつも不思議に思うのは、なぜあんなにも熱心に渡し守の前で演奏したのにもかかわらず、王夫妻の前でふたたび天才的な歌を披露する場面を設定しなかったのか、ということだ。台本にその場面がなかったといってしまえばそれまでなのだが、プロゼルピナのセリフにあるような、オルフェオがエウリディーチェの名前をよびながら広大な冥界をさまようシーンを挿入する気にはならなかったのだろうか？

プロゼルピナ：
あなた　あの不幸な者は
この広大な死の平原を
エウリディーチェをよびながらさまよっています

Proserpina:
Signor, quel infelice
Che per queste di morte ampie campagne
Va chiamando Euridice,

あなたも先刻お聞きになったでしょう
あのように切なく嘆いているのを
私の心に多くの憐れみをよび起こしましたので
もう一度お願いしたいのです
冥界の神として　彼の祈りを聞き入れてくださるように
ああ　もしこの瞳から
愛のやさしさを得たのであれば
もしあなたが　あなたの天であるとおっしゃった
この顔の輝きがお気に召したのであれば
それゆえにジョーヴェを妬《ねた》まないと私に誓うのであれば
アモーレがその偉大なお心に点《つ》けた炎にかけて
あなたにお願いします
エウリディーチェを帰してあげてください
宴《うたげ》と歌に生きることがつねであった
あの日々を享受できるように
そして哀れなオルフェオの涙を癒《いや》してやってください

Ch'udir'hai pur tu dianci
Così soavemente lamentarsi,
Moss'ha tanta pietà dentr'al mio core
Ch'un'altra volta io torno a porger preghi
Perché il tuo Nume al suo pregar si pieghi.
Deh, se da queste luci
Amorosa dolcezza unqua trahesti,
Se ti piacqu'il seren di questa fronte
Che tu chiami tuo cielo, onde mi giuri
Di non invidiar sua sorte à Giove,
Pregoti per quel foco
Con cui già la grand'alm'Amor t'accese,
Fa ch'Euridice torni
A goder di quei giorni
Che trar solea vivend'in fest'e in canto,
E del miser'Orfeo consola'l pianto.

プルトーネ：
おまえの望みに反して　愛する妻よ
厳格にして変えることが叶《かな》わぬ宿命ではあるが
その美しさに加えそのように懇願されては
もはや拒めぬ
彼の愛しいエウリディーチェを
宿命の掟に逆らい　オルフェオは取り戻すのだ
ただしこの冥界から出るまで
その熱望に満ちた目を彼女に向けてはならん
ひと目でも罪となり
彼女を永遠に失うだろう
わしはこのように定める　さあ　わしの王国中に
家臣たちよ　わしの意志を知らしめるのだ
このようにオルフェオも
エウリディーチェも心得よ
他の者がこれを変えられるなどと思うなよ

Plutone:
Benché severo ed immutabil fato
Contrasti, amata sposa, i tuoi desiri,
Pur null'homai si nieghi
A tal beltà congionta a tanti prieghi.
La sua cara Euridice
Contra l'ordin fatale Orfeo ricovri.
Ma pria che tragga il piè da questi abissi
Non mai volga ver lei gli avidi lumi,
Che di perdita eterna
Gli fia certa cagion un solo sguardo.
Io così stabilisco. Hor nel mio regno
Fate, ò Ministri, il mio voler palese,
Sì che l'intenda Orfeo
E l'intenda Euridice,
Né di cangiar l'altrui sperar più lice.

けっして振り向いてはならぬ

さてめでたく地上へ妻を連れて帰る許しを得たオルフェオだが、冥界の王からはひとつ条件が課せられていた。それは地下の王国を離れるまでは、自分の後ろについてくる妻の姿を見てはならない、というものだ。この条件こそ、日本神話におけるイザナキ&イザナミのエピソードと奇妙な合致を見せる点だ。最初のうちは喜びに足取りも軽く地上へと向かっていたが、しだいに「ほんとうにエウリディーチェは自分のあとをついてきているのだろうか」と疑念に苛《さいな》まれる。そしてとうとう禁を破り、後ろを振り向いてしまったオルフェオの目に一瞬映った愛しい妻の姿は、彼女の悲しげな言葉とともに暗闇に消えてしまうのであった。

日本神話のエピソードと決定的に違うのは、愛する妻が儚く悲しげに闇へと消えていってしまうところ。イザナキが振り返ると、そこには腐敗してウジがたかりまるでゾンビのような姿となったイザナミがいた。しかもヤクサイカヅチノカミなる雷神が体の主要部に装備され、明らかにパワーアップしているではないか。恐れおののいたイザナキはその場から猛ダッシュで逃げ出すが、変わり果てた姿を見られたイザナミは恥をかかされたと、ヨモツシコメなどを使い夫を追いかける。いっぽうイザナキはブドウやらタケノコやらモモなどを投げてなんとか追っ手を振り切り、黄泉《よみ》の国と地上の境である黄泉比良坂《よもつひらさか》を大岩で塞《ふさ》いで妻との縁を切る。

冥界王プルトーネは、王妃プロゼルピナの願いを聞き入れ、オルフェオがエウリディーチェを地上へと連れ帰ることを許可する。ただし地上に着くまで、妻の姿を見てはならないという条件を課す。同じような条件は、日本神話におけるイザナキ・イザナミのエピソードにもみられる。

冥界の霊たちの合唱。舞台上に並んでいるのはソリストの歌手たちが扮する霊たちである。このほかに、この公演では客席の上手、下手に合唱団を配置し、観客を取り囲むような音響効果を生み出した。

すると大岩の向こうからイザナミは「おまえの国の人間を一日に一〇〇〇人殺してやる」といってきたので、「それなら一日一五〇〇人の子を産ませよう」とイザナキがいい返したという。くわばら、くわばら。黄泉の国の元妻も元気そうで何よりではあるが、観客の涙を誘うには、儚く消えてもらったほうが良さそうだ。

オルフェオ：
私はおまえのおかげで幸せいっぱいだ
愛する人の顔を見ることができるのだから
そして私の妻の
あの白い胸に今日抱かれるのだから
だが私が歌っているあいだ　ああ　誰が保証するのだ
彼女が私に付いてきていると　ああ　誰が隠しているのだ
最愛の人のやさしいまなざしを
きっと冥界の神々が
私が冥界で幸せに満ち足りているなんて
と妬んでいるのだろう

Orfeo:
Io per te felice à pieno,
Vedrò l'amato volto,
E nel candido seno
De la mia Donn' oggi sarò raccolto.
Ma mentre io canto, ohimè, chi m'assicura
Ch'ella mi segua? Ohimè, chi mi nasconde
De l'amate pupille il dolce lume?
Forse d'invidia punte
Le deità d'Averno,
Perch'io non sia qua giù felice à pieno

ただひとつのまなざしで他の者を幸せにできる
幸せと喜びに満ちた瞳を
見られないようにしているのではないか？
いったい何を恐れるのだ　私の心よ
プルトーネが禁じることをアモーレが命じるのだ
人や神々に勝る
最強の神に
私はしたがわねばならない

なんの音だ？　ああ　なんということだろう！
きっと怒れる復讐の女神フリエたちが
私に害をなし　宝を奪うために武装しているに違いない
私がそんなことを許すとでも？

ああ　かくもやさしき瞳　ただそれらを見つめて……
だが　ああ　いったいなんの闇が覆《おお》ってゆくのだ？

Mi tolgono il miraryi,
Luci beate e liete,
Che sol col sguardo altrui bear potete?
Ma che temi, mio core?
Ciò che vieta Pluton, comanda Amore.
A Nume più possente,
Che vince huomini e Dei,
Ben ubidir dovrei.

Ma che odo? Ohimè lasso!
S'arman forse a miei danni
Con tal furor le furie innamorate
Per rapirmi il mio ben, ed io'l consento?

O dolcissimi lumi, io pur vi veggio,
Io pur···Ma qual eclissi, ohimè, v'oscura?

冥界の霊：
おまえは掟を破った　恩恵には値しない

エウリディーチェ：
ああ　これほどにも甘くそして辛《つら》い眺め
愛がすぎたためにこうして私を失うのですね？
そして哀れな私は
もう心から喜ぶことも叶わず
光と命の両方を失うのです
何よりも愛しいあなた　私の夫よ

冥界の霊：
死者の国へと帰れ
不幸なエウリディーチェよ
星々をふたたび見ることは叶わぬ
もはや冥界はおまえの願いに耳を貸さぬ

Spirito:
Rott'hai la legge, e se' di grazia indegno.

Euridice:
Ahi, vista troppo dolce e troppo amara:
Così per troppo amor dunque mi perdi?
Ed io,misera, perdo
Il poter più godere
E di luce e di vita, e perdo insieme
Te, d'ogni ben più caro, o mio consorte.

Spirito:
Torna a l'ombre di morte,
Infelice Euridice,
Né più sperar di riveder le stelle,
Ch'omai fia sordo a preghi tuoi l'Inferno.

オルフェオ：
どこへ行く　私の命よ？　そう　おまえを追ってゆこう
だが　ああ　誰が私を阻むのだ？
夢を見ているか　私は正気なのか
この暗黒のどんな闇の力が
この愛しい暗黒の世界から
意志に反して　私を引っ張り
憎むべき光のもとへと導くのだ？

Orfeo:
Dove te'n vai, mia vita? Ecco, io ti seguo,
Ma chi me'l nieg' ohimè?
Sogno, ò vaneggio?
Qual occulto poter di questi orrori,
Da questi amati orrori
Mal mio grado mi tragge e mi conduce
A l'odiosa luce?

悲劇か大団円か

こうして物語は第五幕で結末を迎えることになるのだが、神話のエピソードやアレッサンドロ・ストリッジョによる《オルフェオ》の一六〇七年初版台本では、オルフェオはバッコ（バッカス、ディオニュソス）の取り巻きの女性たちであるバッカンテ（メナデ、マイナデス）たちに八つ裂きにされてしまう。なぜそんなことになってしまったのか。冥界を出るまで妻の姿を見てはならないという禁を破ってしまったオルフェオは、ひとりトラキアの野でエウリディー

冥界の闇の中を地上へ向かって進んできたオルフェオだが、エウリディーチェがほんとうに自分の後ろをついて来ているのだろうか、という疑念が湧き上がり、思わず振り向いてしまう。一瞬目にした愛しい人の姿は闇に消え、永遠に失われることとなる。

チェを永遠に失ってしまった悲しみにくれていた。はっきりいって自業自得ではあるが、二度も愛する人を失ったわけであるから、尋常《じんじょう》ではない苦しみに、気も狂わんばかりであったろう。そしてここからが問題なのだが、オルフェオはただ妻を失ったことを嘆くばかりではなく、自分の素晴らしい妻に比べると他の女たちは高慢で不実で、冷たくて浮気性で、分別もプライドもない！とさんざんに悪態をついてしまう。亡くなった妻の素晴らしさを述べるのはまだしも、彼女に比べたら他の女なんてクソだ！と口にするのは明らかに行きすぎだろう。悲しみのあまり我を失っていたのか、とりあえず再婚は望めそうにもないタイプである。こうして全世界の女性を敵にまわしているところへ、バッカンテたちが通りかかる。バッカンテたちは酒神であるバッコのアルコールの効果を体現しているため、つねに酩酊《めいてい》状態にあり暴力的で破廉恥《はれんち》な振る舞いにおよぶ。一説にはバッコがトラキアへやって来たさい、オルフェオが彼を神と認めなかったため、怒ったバッコがバッカンテを差し向けオルフェオを殺害したともいわれている。ではこのオペラでは何が起きたのか。このタイミングでバッコの刺客としてのバッカンテがやって来たのか、または通り魔的にオルフェオを襲《おそ》ったのか。ドラマの流れからすると、オルフェオが世の女性を罵っているのを耳にした通りすがりのバッカンテたちが、怒りにまかせて彼を嬲り殺しにしたと考えるのが自然だろう。

異なる結末

アポッロ：
なぜおまえは怒りや悲しみに
これほど囚《とら》われているのだ　息子よ？
感情におぼれるとは

Apollo:
Perch' a lo sdegno e al dolor in preda
Così ti doni, ò figlio?
Non è, non è consiglio

高潔な心の
賢慮ではないぞ
おまえに非難と危機が
せまっているのを目にしたので
天よりおまえを助けにやって来たのだ
さあ私のいうことを聞け　そして賞賛と命を得るのだ

オルフェオ：
寛大なる父よ　かんじんなときに来てくださったのですね
怒りと愛に
ひどく苦しめられ
私は絶望のどん底にいます
あなたの意見をうかがいます
天上の父よ　何をお望みか命じてください

アポッロ：
あまりにも　あまりにも喜びすぎたのだ

Di generoso peto
Servir al proprio affetto.
Quinci biasmo e periglio
Già sovra star ti veggio,
Onde movo dal Ciel per darti aita.
Hor tu m'ascolta e n'havrai lode e vita.

Orfeo:
Padre cortese, al maggior uopo arrivi,
Ch'a disperato fine
Con estremo dolore
M'havean condotto già sdegn' ed Amore.
Eccomi dunque attento a tue ragioni,
Celeste padre, hor ciò che vuoi m'imponi.

Apollo:
Troppo, troppo gioisti

おまえの幸運を
いまはあまりにも嘆きすぎだ
おまえの辛く厳しい境遇を　まだわからんのか
地上での喜びや困難など取るに足らないものであることを
それゆえ　おまえが永遠の命を享受したければ
私とともに　おまえを招いている天へ来るのだ

オルフェオ：
もうふたたび見ることはできないのでしょうか
愛するエウリディーチェのやさしい瞳を？

アポッロ：
太陽に星々に
彼女の美しい面影を見出すであろう

オルフェオ：
あなたの真摯《しんし》な忠告にしたがわないのであれば

Di tua lieta ventura,
Hor troppo piagni
Tua sorte acerba e dura. Ancor non sai
Come nulla qua giù diletta e dura?
Dunque se goder brami immortal vita,
Vientene meco al Ciel, ch'a sé t'invita.

Orfeo:
Sì non vedrò più mai
De l'amata Euridice i dolci rai?

Apollo:
Nel Sole e nelle stelle
Vagheggerai le sue sembianze belle.

Orfeo:
Ben di cotanto padre sarei non degno figlio

かくも大いなる父上の息子にふさわしくありません

アポッロ＆オルフェオ：
昇ってゆこう　歌いながら天へと
そこには真実の美徳があり
それに見合った報賞として喜びと平和があるのだ

ニンファ＆パストーレの合唱：
行けオルフェオよ　喜びに満ちて
天上の栄誉を享受するために
そこでは幸の欠けることなく
苦しみがあったことなどない
我らは祭壇に香と祈りを
おまえのために喜んで敬虔《けいけん》に捧げよう

こうして行くのだ
永遠の神の招きに退かぬ者は

Se non seguissi il tuo fedel consiglio.

Apollo & Orfeo:
Saliam cantando al cielo
Dove ha virtù verace
Degno premio di sé, diletto e pace.

Coro di ninfe & pastori:
Vanne Orfeo, felice a pieno,
A goder celeste honore
Là 've ben non mai vien meno,
Là 've mai non fù dolore,
Mentr' altari, incensi e voti
Noi t'offriam lieti e devoti.

Così và chi non s'arretra
Al chiamar di Nume eterno,

こうして天上でめぐみを受けるのだ
この地上で地獄を味わった者は
苦しみの中で種を蒔《ま》く者は
あらゆるめぐみの果実を得るのだ

Così gratia in Ciel impetra
Chi qua giù provò l'Inferno;
E chi semina fra doglie
D'ogni gratia il frutto coglie.

だが一六〇九年の《オルフェオ》初版譜においては、すでに別の結末が用意されていた。それは、トラキアの野にひとり悲しみにくれ、絶望を語るオルフェオが、父神とされるアポッロによって天に上げられ、永遠の幸福と平和を得るというものである。メリスマ（歌詞の一音節に複数の音符があてられ、こぶしのように歌う歌唱法）を駆使した二人の重唱も、「行けオルフェオよ喜びに満ちて」と歌う最後のコーラスとモレスカ（「ムーア人風」を意味するダンスおよび舞曲）も、幸せな結末にふさわしい音楽的感動に満ちているが、現代人の感覚からすると、このデウス・エクス・マキナ（困難な状況におちいったときに、絶対的な力を持つ神が現れて状況を収束に導く、古代ギリシャ悲劇の演出法）による大団円はあまりに唐突すぎて違和感を覚える。だいたいオルフェオの辛抱《しんぼう》が足らなかったせいで暗闇に消えていってしまったエウリディーチェはどうしたのだろう。「愛するエウリディーチェの瞳のやさしい光を、もう見ることはないのでしょうか」というオルフェオの問いにアポッロは「太陽に、そして星々に彼女の美しい面影を見出すだろう」と答えているが、それでいいのか⁉　こんどは父であり音楽の神でもあるアポッロが冥界へ出向いて、その音楽の力でふたたび冥界王夫妻を説得することはできないのだろうか。

筆者は以前、観世流シテ方能楽師にして東京藝術大学名誉教授である野村四郎先生と笠井賢一氏の演出による《オルフェオ》に出演したことがある。能の様式や日本の伝統的な美的価値観などが反映されたみごとな演出であると評判になった舞台だ。そして最後のモレスカで野村四郎先生がみずから舞われたのだが、それがあまりにも素晴らしかったため、筆者はそのときの光景ばかり思い出す。考えてみれば歌舞伎でも終幕に舞踊が入ることが多々ある。明るい気持ちで観劇を終えてほしいという気持ちは、洋の東西を問わず上演者側にあるものなのだろうか。それが能とモレスカを結びつけたのだとしたら、舞台藝術の魂にかかわるような演出であったといえよう。

リヌッチーニの筆によるペーリおよびカッチーニ作曲の《エウリディーチェ》では、亡くなったはずの新妻はみごとに夫のもとへと返されている。グルック作曲の《オルフェオとエウリディーチェ》においては、愛の神アモーレが現れ、息絶えたエウリディーチェを蘇《よみがえ》らせ、夫婦は喜び抱き合い、オペラは愛の神の讃美で終わる。もちろん作品の上演機会が貴族・君主の結婚式や祝祭などであれば、めでたい席に水を差すような真似はとうていできるはずもなく、それ相応の配慮がなされたということであろう。それにしてもモンテヴェルディ作品におけるエウリディーチェのその後がどうしても気になる……。読者諸氏はいかがであろうか。

Vespro della Beata Vergine

聖母マリアの晩課

1610

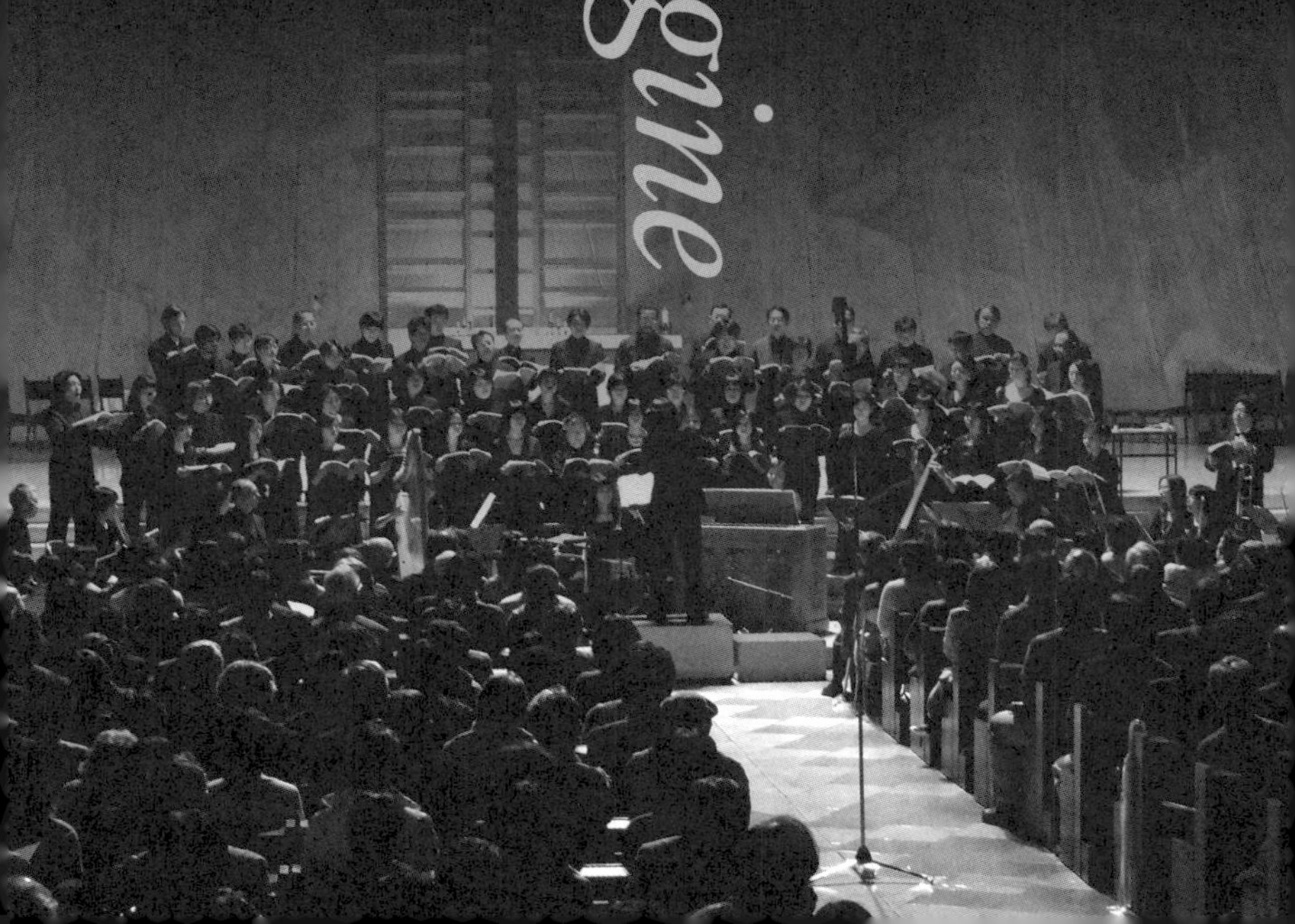

古本と廉価盤

中学生の頃、小遣《こづか》い銭はすべて本代に消えていた。と書くと、いかにも勉学に勤《いそ》しむ二宮金次郎のようなイメージを与えそうだが、じっさいには古本屋のワゴンセールで一冊一〇円になっている文庫本を、ＳＦを中心に次から次へと買いあさっていたのである。これが高校生、大学生ともなるとアルバイトができるようになり、こんどは自力でＣＤを買うようになる。だが学生が稼ぐアルバイト代も、しょせんたかがしれている。少ない収入で、いかにグッとくるアルバムを、なるべく多く手に入れるのか、日々それなりに頭を悩ませていた。

そんなある日、部活動の先輩にクラシック専門のＣＤ店をご紹介いただいた。部活動といってもバリバリの体育会所属武道系であったが、文武両道を地で行く先輩の趣味は、西洋藝術音楽鑑賞であったようだ。そこは個人経営の小さな店で、落ち着いた雰囲気の店内には、所せましと店主こだわりの名盤が並べられていた。

限られた予算で買い物をせねばならない学生にとって、とにかくありがたかったのは、基本的にどのＣＤも試聴させてもらえたことだ。もちろんパッケージによっては開封することができないものもあっただろうが、一か八《ばち》かで買い物をするリスクを避けられれば、より充実した鑑賞生活が送れるというものだ。

その店で最初に購入したＣＤは、タリス・スコラーズの演奏によるジョスカン・デ・プレ作曲《ミサ・パンジェ・リングァ（Missa Pange Lingua）》であった。このミサ曲は、キリエ、グローリア、クレード、サンクトゥス、アニュス・デイという五つの楽章がすべて、タイトルとなっている〈パンジェ・リングァ＝舌よ、歌え〉という中世のグレゴリオ聖歌を素にして作られている。アルバムでは最初にグレゴリオ聖歌〈パンジェ・リングァ〉が収録されているので、そのテーマがその後演奏されるミサ曲中で各声部に使われていることがよくわかり、ポリフォニーの作曲技法など何も知らなくても、その構築の美しさに感激したことをいまでも覚えている。それまで別段ルネサンス音楽にものすごく興味があったわけでもない筆者が、はじめて手にした、しかも自分の稼いだお金で購入したCDがジョスカン・デ・プレの多声楽曲だったことに、我ながら驚くが、これはもちろん店主の勧めがあったからだ。はじめて耳にするア・カッペッラ（無伴奏）によるポリフォニーの響きに、そしてタリス・スコラーズが創り出す完璧なハーモニーにカミナリに打たれたかのような衝撃を受け、以後アーリー・ミュージックの世界にどっぷりと浸るようになった。ちなみにこのアルバムは、一九八七年のグラモフォン誌の Record of the Year Award を獲得している。

アーリー・ミュージックにハマった理由はもうひとつある。

当時はまだバロック以前のレパートリーの録音が現在ほどポピュラーではなく、このジャンルは「音楽史」という名でひと括りにされていて、そこには NAXOS レーベルに代表されるような、たくさんの廉価《れんか》盤も存在した。そんなわけで、古本屋でセール本をあさるようにお買い得CDを買い集めるようになったのだ。

〈二人のセラフィム〉と分身の術

二人の熾《し》天使が互いに呼び交わしている
「聖なる　聖なる　聖なる万軍の主
すべての地は彼の栄光で満たされる」

天において証を立てる者は三人
父と子　そして聖霊である
そしてその三者は一体なのだ
「聖なる　聖なる　聖なる万軍の主
すべての地は彼の栄光で満たされる」

Duo Seraphim clamabant alter ad alterum:
Sanctus, sanctus, sanctus Dominus Deus Saboath.
Plena est omnis terra gloria ejus.

Tres sunt, qui testimonium dant in coelo:
Pater, Verbum et Spiritus Sanctus:
et hi tres unum sunt.
Sanctus, sanctus, sanctus Dominus Deus Sabaoth.
Plena est omnis terra gloria ejus.

そんなお買い得盤の中に、古楽界の巨匠ルネ・ヤーコプス率いるコンチェルト・ヴォカーレ

による、モンテヴェルディの宗教音楽作品集があった。一〜三声のモテットを収録しており、現在は指揮者として知られているヤーコプス自身がカウンターテナーとして歌唱に加わっている。もちろんアーリー・ミュージック初心者の大学生は、ヤーコプスもモンテヴェルディも何者であるのか、まったく知らない。しかし一曲目に収録されている二重唱〈二人のセラフィム（Duo Seraphim）〉を試聴して、すぐさま音楽が描き出す豊かなイメージの虜《とりこ》となった。セラフィムとは、日本語で熾天使とよばれる最上級天使のことだ。聖書によれば、六つの翼を持ち、二つの翼で顔を隠し、二つの翼で足を覆い、二つの翼で飛翔し、昼夜を問わず神を褒め讃えているのだそうだ。三対六枚の翼なんて、すごく強そう……。

さて二重唱は独唱のごとく完璧に重なり合っ

たソの音から始まるが、やがてそれがまるでマンガやテレビに登場する忍者が繰り出す分身の術のように、ソとラの二音に分裂し、長2度（ピアノの鍵盤でいうと白鍵のドとレの関係）の音楽的緊張感を生んだかと思うと、次の瞬間長3度（こちらはピアノの鍵盤でいうと白鍵のドとミの関係）のハーモニーへと開いてゆく。ちょうど二人のセラフィムが互いによび合うように、二声が交互に歌い上げる細かい音楽装飾に彩られた旋律がエコーとなる。はじめて耳にした「リバットゥータ・ディ・ゴーラ」や「同音トリル」は、いままでに聴いたどの音楽にもないものであるはずなのに、なぜだかアラブの民族音楽を彷彿《ほうふつ》とさせるような、日本の民謡のこぶしのような、未知なる驚きと郷愁を同時に感じさせる不思議な響きを持つ。ちなみにリバットゥータ・ディ・ゴーラは「喉《のど》の繰り返し打ち」という意味で、たとえば持続するドの音があったら、それをドーレドーレ……と、ピアノの鍵盤でいうと、ひとつ上の音を短く加えて繰り返し演奏すること、また同音トリルはひとつの音を細かく反復して演奏する音の飾りだ。一六〇二年に出版されたジュリオ・カッチーニの『新音楽（Le nuove musiche）』の序文は、当時の歌唱法について具体的に論じているため、アーリー・ミュージックを演奏する者にとってはとても貴重な資料であるが、そこでは同音トリルを「トリッロ（Trillo）」として、四分音符から八分音符、一六分音符と音価をだんだん短くしながら繰り返して、ラ、ラ、ラ、ラ、ラ……と演奏する譜例が示されている。このような細かい音符の応酬がいつのまにか三度のハーモニーとなり、二人の熾天使は歌を終える……と思っていたら、分身の術がもう一段階！　先ほどまでの二声が、もうひとり歌手を加えて三声になるではないか！
　そうか、三位一体について歌っているからだ。脳内では、黒装束の忍者が分身の術を繰り返すイメージが際限なく繰り返される。こんなにワクワクする音楽が、四〇〇年も昔に作曲されていたとは驚きだ。その後このCDを購入したことはいうまでもない。あたりまえではあるが、モンテヴェルディも知らなければ、〈二人のセラフィム〉が《聖母マリアの晩課》や《幸いなる処女　夕べの祈り》といった邦題で知られる巨大な宗教音楽作品に収録された一曲であることも、とうぜん知らなかった。

《聖母マリアの晩課（Vespro della Beata Vergine）》

神よ　私を助けようとしてください
主よ　私を助けに急いでください

父と子と聖霊とに栄光がありますように
初めにそうであったように　いまも　つねに
幾世にもわたって
アーメン　アレルヤ

Deus in adjutorium meum intende
Domine, ad Adjuvandum me festina.

Gloria Patri, et Filio, et spiritui Sancto:
Sicut erat in principio, et nunc, et semper,
Et in saecula saeculorum.
Amen. Alleluia.

一六一〇年に発表された《聖母マリアの晩課》は、通奏低音をともなう独唱、重唱、合唱、そして管弦取り混ぜた豪華な器楽から構成されるまことにゴージャスなミサである。ヴェネツィアで出版された楽譜の扉ページを見ると、そこにはラテン語で「聖なる処女の六声のミサと聖なるコンチェルトをともなう多くの詠唱の晩課」と書いてある。この長いタイトルには、《聖母マリアの晩課》だけでなく、かのジョスカン・デ・プレの弟子にあたるネーデルラントの作曲家ニコラ・ゴンベールのモテット《そのときに（In illo tempore）》をもとにしたア・カッペッラ作品も含まれている。こちらの作品にもいちおう通奏低音が添えられているが、声楽の最低パートをなぞるだけのものであるので、伴奏としての意味は

あまりない。この場合の「コンチェルト」は、われわれが学校の音楽科授業で習う、独奏楽器と合奏による後期バロック以降の協奏曲のことではなく、歌と器楽による協奏のことだ。扉ページをさらに読み進めると、当時の教皇パウロ五世に献呈されていることがわかる。

モンテヴェルディはこの頃、仕えていたゴンザーガ家での待遇にかなり不満を抱いており、新たな就職先を探していたため、これまであまり力を入れていなかった宗教曲に取り組み始めた。また息子のフランチェスコに教皇庁付属神学校の特待生奨学金を得てやりたいと思い、一六一〇年秋に新たに書き上げた前述の宗教曲集を携え、教皇に謁見すべくローマへと旅立った。しかし結果として、この旅は徒労に終わる。マントヴァ公がモンテヴェルディに、ボルゲーゼとモンタルトの二人の枢機卿に宛てた推薦状を持たせたことや、ローマにゴンザーガ家出身のフェルディナンド枢機卿がいたこともあってか、現地で作曲家はじゅうぶんに歓迎されたようであるが、教皇への謁見は叶わず、神学校にも息子のための空席はなかった。もちろん持参した宗教曲もローマで演奏されることはなく、また出版もその後ヴェネツィアで実現することとなる。

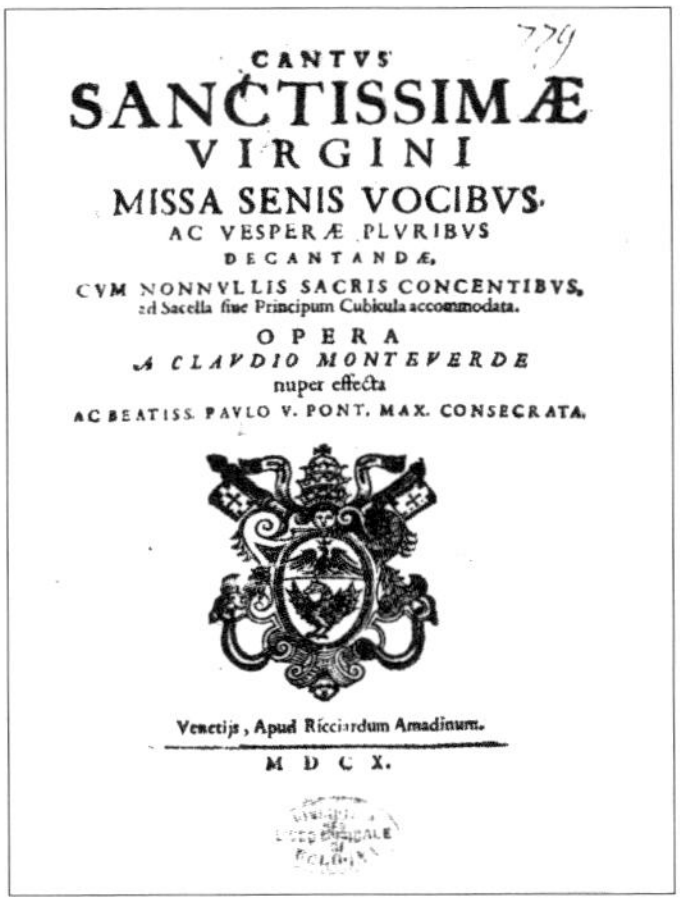
CANTVS
SANCTISSIMÆ
VIRGINI
MISSA SENIS VOCIBVS.
AC VESPERÆ PLVRIBVS
DECANTANDÆ,
CVM NONNVLLIS SACRIS CONCENTIBVS,
ad Sacella siue Principum Cubicula accommodata.
OPERA
A CLAVDIO MONTEVERDE
nuper effecta
AC BEATISS. PAVLO V. PONT. MAX. CONSECRATA.
Venetijs, Apud Ricciardum Amadinum.
M D C X.

《聖母マリアの晩課》出版楽譜の扉。ラテン語で「聖なる処女の６声のミサと聖なるコンチェルトをともなう多くの詠唱の晩課」と書かれている。

二つの音楽様式

さて彼がローマへ持参した二つの作品であるが、ひとつの作品集にまとめられているにもかかわらず、それぞれがまったく異なる音楽様式によって書かれているのだ。ゴンベールのモテットによるア・カッペッラの作品は、厳格な対位法によって作曲された、古いポリフォニーの伝統にのっとっている。これは一五四五年から一五六三年にかけてのトレント公会議において、典礼文の聴き取りが困難になるほど複雑化したポリフォニーを典礼で使用することが禁じられたことに鑑《かんが》み、教皇への献呈作品として書かれたからだ。それに対して、いわばオマケとして持参された《聖母マリアの晩課》は、冒頭の独唱による〈神よ　私を助けようとしてください〉に続き、歌劇《オルフェオ》に使われたファンファーレにのせて六声の合唱と全オーケストラが響きわたる壮大な作品である。そして特筆すべきは、神への感謝や讃美である詩篇を歌う合唱に対して、グレゴリオ聖歌におけるアンティフォナ（交唱）の代わりに通奏低音をともなう独唱やそのアンサンブルが据えられていることであろう。

モノディによる〈私は黒いが美しい〉

私は黒いが美しい　イェルサレムの娘よ
だから王は私を気に入って
私を部屋に連れてゆき　おっしゃった
お立ち　愛しいひとよ　おいで
いまや冬はすぎ　雨は止み　去ってしまった
花々が我らの地に咲き
収穫のときが来たのだ

Nigra sum sed formosa filiae Jerusalem
Ideo dilexit me Dominus
et introduxit in cubiculum suum et dixit mihi:
Surge amica mea et veni.
Jam hiems transiit, imber abiit et recessit,
Flores apparuerunt in terra nostra,
tempus putationis advenit.

その代表として挙げられるのが〈私は黒いが美しい（Nigra sum sed formosa）〉である。この独唱のためのモテットはテノールによって歌われるのだが、伴奏部分も動きを止めた和音の上で「私は黒いが……」と思わせぶりに導入したかと思うと、技巧的な音楽装飾もまじえながらキャピキャピと動き出す旋律が、なんというか、男性演歌歌手が乙女心を歌う、といったような風情があり、なんとも面白い。この思わせぶりを繰り返したあとの「お立ち」の歌詞部分では、ベースもメロディも言葉どおり上昇してゆき、音楽的修辞学的というよりは、バナナの皮が舞台上にあったら踏んで滑るといったようなコメディのお約束を彷彿とさせて、思わずニヤニヤとしてしまう。

この曲はまさに初期バロックの音楽様式と同義語であるといってもよい「モノディ」、つまり独唱もしくは重唱がチェンバロやリュートといった楽器の伴奏で歌われる音楽、少々乱暴にいうと歌のメロディが簡単な和音伴奏上で奏でられる音楽だ。この様式は、ルネサンスに大流行したポリフォニーに対して、歌詞とそれにともなう情感をよりよく表現するために考えられたとされる。そのためバロック音楽の代名詞でもあるオペラとひじょうに緊密な関係にある。よくよく考えてみると、このようなメロディ＋伴奏という様式は、今日われわれが日常的に耳にする、ポップスに代表される現代の世俗音楽の大半を占めるのではないだろうか。それに鑑みると、この様式を創り上げた当時のイタリア人音楽家がいかに偉大であるかがわかる。さらには産声をあげてまもない最先端の流行を、大胆にも古《いにしえ》からの詩篇によるミサ曲に取り込み、作曲から四〇〇年以上たったいまもなお瑞々《みずみず》しさを失わない大傑作とした、モンテヴェルディの天才性がわかるというものだ。

〈主は私の主にいわれた（Dixit Dominus Domino meo）〉

主は私の主にいわれた　Dixit Dominus Domino meo:
「私の右に座りなさい　Sede a dextris meis
私はあなたの敵を　Donec ponam inimicos tuos

あなたの足台にしよう」

あなたの力の杖を
主はシオンからつかわされた
治めるのです　もろもろの敵のさなかで
君主としての地位はあなたとともに　あなたの力の日に
聖なる輝きのうちに
暁《あかつき》の光に先立ち私はあなたを生んだのだ

主は誓われた　そして悔やまれない
「あなたは永遠の祭司である
メルキセデクの位にしたがって」

主はあなたの右にあって
彼の怒りの日に王たちを滅ぼす
民を裁き　瓦礫《がれき》で埋め尽くす
あらゆる地で都を揺るがす

Scabellum pedum tuorum.

Virgam virtutis tuae
Emitet Dominus ex Sion,
Dominare in medio inimicorum tuorum.
Tecum principium in die virtutis tuae,
in splendoribus sanctorum:
Ex utero ante luciferum genui te

Juravit Dominus et non paenitebit eum:
Tu es sacerdos in aeternum
Secumdum ordinem Melchisedech.

Dominus a dextris tuis,
Confregit in die irae suae reges.
Judicabit in nationibus, implebit ruinas,
Conquasabit capita in terra multorum.

道すがら急流でのどをうるおし
頭を高く上げる
父と子と聖霊とに栄光がありますように初めにそうであったように　いまも　つねに幾世にもわたって
アーメン
De torrente in via bibet,Propterea exaltabit caput.
Gloria Patri, et Filio, et spiritui Sancto:Sicut erat in principio, et nunc, et semper,Et in saecula saeculorum.
Amen.

〈主は私の主にいわれた（Dixit Dominus Domino meo）〉はテノールによって提示されたグレゴリオ聖歌の定旋律が、模倣によって繰り返されながら、六声と六つの器楽、そして通奏低音上で展開されてゆく。この曲で特徴的なのはファルソボルドーネの頻繁《ひんぱん》な挿入である。ファルソボルドーネ（Falsobordone）は、定旋律に三度上や六度上の音を重ねる、一種の和声法である。カラオケなんぞでも割り込み気味に他人の歌に参加する場合、即興的に旋律の3度上にハモったりするが、それとちょっと似ている。〈主は私の主にいわれた〉ではバスの音に対して他の声部がばっちり3度と5度でハモっている。つまりラドミ、ソシレなどの単純な三和音として構成されている。問題はこの部分がロンガとよばれる、四角い白玉に見える倍全音符に棒がついたような音符の上に歌詞がずらずらと書いてあることだ。ふつうはひとつのシラブルに対してひとつの音符が、もしくはメリスマなどでは複数の音符があてられるわけだが、こちらはひとつの音符にたくさんの音節がはめこまれている。つまり「俺はおまえを愛してる」という歌詞が、全音符ひとつに書き込まれているような状態だ。

イタリアの団体でヴェスプロ（《聖母マリアの晩課》の通称）を演奏すると、ファルソボルドーネの部分については、言葉のアクセント、母音の長短などにしたがって自然に読むように歌うことが要求され、というか、その判断は歌手に丸投げされていた。唯一の非ロマンス語圏出身カウンターテナーはそのたびにあたふたしていたが、歌というものがこうして言葉から発生するのだということを痛感できたことはひじょうにありがたい。演奏に先立って、さまざまな団体の録音を聴いてみたが、どうやらヨーロッパ内でも外国のグループはシラブルを等価にして演奏している傾向が見られた。これもそれぞれがそれぞれの論拠にもとづき信念を持って演奏しているのだと思うが、やはり言葉の自然なゆらぎがあるほうが素敵に思える。ちなみにこの部分、ラップみたいでちょっとカッコイイ。

〈褒め讃えよ　主のしもべたちよ（Laudate, pueri Dominum）〉

褒め讃えよ　主のしもべたちよ　　Laudate, pueri Dominum:

神の御名を褒め讃えよ
神の名は祝福されよ
いまより永遠にいたるまで
日の出から日の入りまで
神の御名は讃えられよ

主はすべての民の上にいと高くあり
その栄光は天を超えている
誰が私たちの神である主に並ぶだろうか？
いと高きに住まわれ
身を屈《かが》めて天と地をご覧になるような者が

貧しい者を塵《ちり》の中から引き上げ
弱者をごみの中から立ち上がらせ
君主たちとともに座らせる
民の君主たちとともに
子にめぐまれぬ女を家に住まわせ

Laudate nomen Domini.
Sit nomen Domini benedictum:
ex hoc nunc, et usque in saeculum.
A solis ortu usque ad occasum:
laudabile nomen Domini.

Excelsus super omnes gentes Dominus:
et super caelos gloria ejus.
Quis sicut Dominus, Deus noster,
qui in altis habitat:
et humilia respicit in caelo et in terra.

Sucitans a terra inopem:
et de stercore erigens pauperem.
Ut collocet eum cum principibus:
cum principibus populi sui.
Qui habitare facit sterilem in domo:

子を持つ母の喜びを与える　matrem filiorum laetantem.
父と子と聖霊とに栄光がありますように　Gloria Patri et Filio, et Spiritui Sancto.
初めにそうであったように　いまも　つねに　Sicut erat in principio et nunc et semper,
幾世にもわたって　et in secula seculorum
アーメン　Amen.

〈褒め讃えよ　主のしもべたちよ（Laudate, pueri Dominum）〉は、テノール（クイントゥス）の力強いよびかけに応えるように他声部が二声ずつ次々と歌い出し、やがて八声がトゥッティで「褒め讃えよ」と声を揃《そろ》える。ふたたび二声のハーモニーが交互に現れ八声へと広がると、こんどはテノールが定旋律上でソプラノ二声の重なりを聴かせる。定旋律が女声へと引き継がれると、こんどはテノール二声によるヴィルトゥオーゾ的な掛け合いが始まる。さらに「誰が私たちの神である主に並ぶだろうか（Quis sicut Dominus, Deus noster）」の箇所にいたると、バス二声がソプラノやテノール同様に、時に掛け合い、時に3度の調和を聴かせながら旋律を受け持つ。「貧しい者を塵の中から引き上げ　弱者をごみの中から立ち上がらせ（Sucitans a terra inopem: et de stercore erigens pauperem）」では、三拍子に乗せていっきに上方へと向かう音のうねりが、音画のようにテクストの内容をみごとに描き出している。二拍子系と三拍子系の旋律を組み合わせ、多彩なリズムを提示するなか、二拍子系の最後で提示された「父と子と聖霊とに栄光がありますように（Gloria Patri et Filio, et Spiritui Sancto）」のテクストは、三位一体を象徴するかのような明るい三拍子に受け継がれ、やがてポリリズムのように各声部が微妙に開始のタイミングをずらして演奏するアーメン・コーラスに入ると、テノール二声の掛け合いとなり、落ち着いた雰囲気でこの曲を締めくくる。

〈あなたは美しい　私の愛しい人よ（Pulchra es amica mea suavis）〉

あなたは美しい　私の愛しい人よ　Pulchra es amica mea suavis
優美で麗《うるわ》しいイェルサレムの娘よ　et decora filia Jerusalem.

あなたは美しい　私の愛しい人よ　Pulchra es amica mea suavis
あなたはイェルサレムのように優美で麗しく　et decora sicut Jerusalem
整列した軍勢のように恐ろしい　terribilis ut castrorum acies ordinata.

その目を私からそらしておくれ　Averte oculos tuos a me

〈あなたは美しい 私の愛しい人よ（Pulchra es amica mea suavis）〉は名曲揃いのヴェスプロの中でも、「美曲」とよぶのにふさわしいソプラノ二重唱だ。八月一五日の聖母マリア被昇天の祝日の晩課に用いられるアンティフォナにもとづく作品で、歌詞は〈私は黒いが美しい（Nigra sum）〉と同じく雅歌からの引用である。日本ではクリスマスやイースターといったキリスト教の祝日が、ほんらいの意味から切り離されてたんなるお祭りと化していることが多いが、八月一五日の聖母マリア被昇天の祝日についてはまだまだ一般化されていないようだ。たぶん日本のお盆休みにあたる時期で、わざわざ別のイヴェントを商業的に仕掛ける必要もあまりないからだろう。聖母マリアの祝日は他にも五月三一日の聖母の訪問や九月八日の聖マリアの誕生、一二月八日の無原罪の聖マリアなど、現在ローマ・カトリック教会が定めているもので一〇日、他にも「神のお告げ（三月二五日）」が間接的にマリアに関連する祭日とされたり、五月が一カ月間「聖母の月」として祝われたりする。声楽を生業とする立場からすると、聖母マリアに関連づけられる祝日が年間をとおして存在することはまことにありがたい。つまり《クリスマス・オラトリオ》や《スターバト・マーテル》のように一年に一度だけの行事に関連した楽曲に比べ、このヴェスプロは聖母マリアの「縁日」であれば、いつでも演奏機会が得られるわけだ。さらには「どれほどの数の教会があるのかは神でさえ知らない」とよく冗談にいわれるほど、イタリアには無数に教会が存在するため、まさに全国各地の祭りを渡り歩く香具師《やし》のごとく、ヴェスプロをひっさげイタリアのみならずヨーロッパ中をツアーで周ることが可能となる。

通奏低音に支えられ最上声部のソプラノ（カントゥス）が歌い出すと、その旋律を追いかけるようにもうひとりのソプラノが加わってくる。二声の重なりはやがて「その目を私からそらしておくれ（Averte oculos tuos a me）」にいたったところでふたたびソロとなる。「逃げたくなってしまう（me avolare fecerunt）」の部分はソロ、重唱にかかわらず三拍子に先導されるのだが、これがなんとも浮かれた感じで、少女マンガに登場するカップルがお花畑で「アハハ♪」と笑い合いながら追いかけっこをしているような印象を受けるのだ。途中で6度も跳躍《ちょうやく》する上行系の旋律が与えるイメージなのだとは思うが。

〈私は喜んだ（Laetatus sum）〉

私は喜んだ　人々が私にこういったとき
「主の家に行こう」と

Laetatus sum in his quae dicta sunt mihi:
in domum Domini ibimus.

私たちの足は立っている
あなたの城門の中に　イェルサレムよ

イェルサレムよ　都として建てられた
そこに集うものはひとつになる
そこにすべての部族　主の部族が上ってくる
イスラエルの掟にしたがい
主の御名を讃美するために
そこで裁きの座に座るからだ
ダビテの家の座の上に

平和を願うのだ　イェルサレムのために
あなたを愛する人々に豊かさを
あなたの力がおよぶところに平和がありますように
あなたの城の塔の中も豊かでありますように
私の兄弟や私の隣人のために
あなたに平和があるようにと私はいおう

Stantes erant pedes nostri:
in atriis tuis Jerusalem.

Jerusalem que aedificatur ut civitas:
cujus participatio eius in idipsum.
Illuc enim, ascenderunt tribus,
tribus Domini: testimonius Israel
ad confitendum nomini Domini.
Quia illic sederunt sedes in judicio:
sedes super domum David.

Rogate quae ad pacem sunt Jerusalem:
et abundantia diligentibus te.
Fiat pax in virtute tua:
et abundantia in turribus tuis.
Propter fratres meos et proximos meos:
loquebar pacem de te.

私たちの神　神の家のために
あなたに幸いあるようにと願おう

Propter domum Domini Dei nostri:
quaesivi bona tibi.

父と子と聖霊とに栄光がありますように
初めにそうであったように　いまも　つねに
幾世にもわたって
アーメン

Gloria Patri et Filio, et Spiritui Sancto.
Sicut erat in principio et nunc et semper,
et in secula seculorum
Amen.

長大なヴェスプロの中でも異彩を放つ〈私は喜んだ（Laetatus sum）〉。一回聴いたら絶対忘れられなくなるのは曲の出だしである。等音価でボンボンボンボンと奏でられるバスの旋律が、ジャズにおけるウォーキング・ベースそのままで最高にグルーヴィなのだ。一七世紀のイタリアで大ヒットしたバッソ・オスティナート（固執バス。バスが決まったフレーズを何度も繰り返すこと）のひとつでルッジェーロとよばれるものがあるが、その短調ヴァージョンともいえる旋律を奏でている。ルッジェーロは和声進行にかかわるバス旋律として、ジローラモ・フレスコバルディやタルクイニオ・メールラ、シジスモンド・ディンディアなど、数多くの作曲家に使用されている。筆者はフレスコバルディのアリア集《アリエ・ムジカーリ》（1630）に収録されている〈おまえと別れねばならない　私の魂であるひとよ（Ti lascio anima mia）』を好んでしばしば演奏するが、こちらはずいぶんとゆったりした優雅な雰囲気の曲に仕上がっている。この印象的なバス旋律は曲中に五回登場するが、その上にある声楽は独唱から始まり、二重唱、三重唱、四重唱、六重唱とさまざまなかたちに変化する。バス旋律が歩みを止めると、こんどは声楽がとんでもないメリスマを次々と重ねてくる。筆者はメリスマを、練習に練習を重ねてなんとか作り上げるタイプの歌手なので、演奏のたびにこの部分で一〇〇メートル徒競走のスタートを待つような気持ちになっていた。「初めにそうであったように〈Sicut erat in principio〉」の歌詞が、〈主は私の主にいわれた〉で多用されていたファルソボルドーネによって歌われたのち、「幾世にもわたって〈et in secula seculorum〉」の歌詞がすべての声部によってまさしく幾重にも重ねられ締めくくりとなる。

ロム・アルメとともに

モンテヴェルディの作品であれば基本的にどの作品でも好き、という偏愛に満ちた筆者であるが、《聖母マリアの晩課》は特に思い入れの強い曲である。それというのも、一九九九年にイタリア政府給付奨学生として現地に渡ったあと、フィレンツェの古楽団体ロム・アルメの主催によるオーディションに運良く合格した筆者は、その後二〇〇一年からしばらくのあいだ《聖母マリアの晩課》を繰り返し演奏する機会にめぐまれたからだ。

ロム・アルメに参加してはじめての演奏会は、グループの地元フィレンツェを治めていたメディチ家の名君ロレンツォ・イル・マニフィコをテーマにしたものだった。当時メディチ家に仕えていたジョスカン・デ・プレをはじめとするお抱え音楽家たちの作品や君主自身の作詞による歌などを集めたプログラムを、なんとリッカルド・メディチ宮で演奏した。五〇〇年以上昔、まさにこの場所で演奏されていたであろう作品に命を吹き込む作業は感動そのものであった。

またミサ曲の演奏にさいして、挿入されるべきグレゴリオ聖歌を演奏会場となる教会に所属する修道士が歌い、オーケストラ付きの楽曲を演奏する、という形式でのコンサートも多々あった。観客もその大多数がカトリック信者であることを考えると、宗教曲がほんらいあるべき姿で演奏されているといえるだろう。日本で歴史や文化、宗教などから切り離された状態で西洋藝術音楽の演奏をおこなっていた筆者にとって、楽曲への向き合い方を考えさせられる貴重な体験となったことは間違いない。

ロム・アルメによる《聖母マリアの晩課》は、イギリス出身のバロック・ハーピストであるアンドリュー・ローレンス＝キングが率いる一〇～一一人の歌手と最小限の器楽陣によるもので、合唱団はなし。歌手のソリストたちがコーラスの部分も歌う。曲中には五パートずつのダブル・コーラスもあるため、基本的にひとり一パートを担当する。この曲のタイトルはイタリア語で、「聖なる処女の六声のミサと聖なるコンチェルトをともなう多くの詠唱の晩課＝Vespro della Beata Vergine da concerto composto Sopra conti fermi sex vocibus et sex instrumentis」であるので、とうぜんとはいえ、ひじょうによく考えられた編成だった。ちなみにアジア人は筆者のみで、他の歌手は全員イタリア人。まだまだ経験も浅い筆者にとっては、毎演奏会が貴重な経験となったが、プレッシャーもなかなかであった。

〈主が家を建てられるのでなければ（Nisi Dominus）〉

もし主が家を建てられるのでなければ
建てる者たちは虚しく疲《ひ》弊《へい》する

主が街を守られるのでなければ
見張りが目覚めていることは虚しい
あなたたちが早起きし遅くに休み
星のあとに起きるのだ
苦しみの糧を食べることは虚しい

Nisi Dominus aedificaverit domum,
in vanum laboraverunt aedificant eam.

Nisi Dominus custodierit civitatem,
frustra vigilat qui custodit eam.
Vanum est vobis ante lucem surgere:
O surgite postquam sederitis
qui manducatis panem doloris.

主は愛する者たちにそれを眠りの中でも与えるからだ
見よ　神の贈り物は子供たち
胎内の実は神のめぐみ

Cum dederit dilectis suis somnum:
ecce haereditas Domini filii:
merces fructus ventris.

勇者の手にある矢のごときは
若き子供たち
なんと幸いなことか
満ちた矢筒を持つ人は
門で敵と話すときも
とまどうことなどない

Sicut sagittae in manu potentis
ita filii excussorum.
Bearus vir
qui implevit desiderium suum ex ipsis:
non confudetur cum loquetur
inimicis suis in porta.

父と子と聖霊に栄光あれ
始まりからそうであったように　いまもいつまでも
幾世にもわたって　アーメン

Gloria Patri et Filio et Spiritui Sancto.
Sicut eratin principio et nunc et semper
et in saecula saeculorum. Amen.

このダブル・コーラスの掛け合いが抜群に面白いのが、〈主が家を建てられるのでなければ

〈Nisi Dominus〉〉である。のっけから複数のパートが、同じ構造の旋律を一拍もしくは半拍（！）ずらして演奏するため、ものすごく複雑なポリリズムやエコー効果が発生し、きらびやかなリズムによる音のモザイクが描かれるのである。そしてこれを大聖堂規模の教会で演奏すると、互いの声が反響をともなって聞こえるため、そうとう集中して演奏せねばすぐに空中分解する危険性があり、何度演奏してもスリル満点であった。この難所を抜けると、こんどは二つのコーラス群が互いにスポットライトを奪い合うように掛け合いを始める。この部分はなんというか「花いちもんめ」的な楽しさがあるというか、ダイアローグではないのだが、コーラスからコーラスへの受け渡しが絶妙で、歌いながら思わず顔がほころぶ。この高揚感をはたして宗教的法悦《ほうえつ》とよんでいいのかどうかはわからないが、ほんとうに楽しくなってしまうのである。

〈お聞きください　天よ　私の言葉を〈Audi coelum verba mea〉〉

お聞きください　天よ　私の言葉を
望みと喜びに
満ちた言葉を
――聞こう

Audi coelum verba mea
plena desiderio
et perfusa gaudio.
-Audio.

お告げください　どうぞ私に
あの人はどなたですか　赤き暁のように
立ち上がり　私が祝福する方は
——告げよう

お告げください　あの月のように
美しい方は
地と天と海を喜びで満たす
太陽のように選ばれし方は
——マリア

その人はやさしき処女マリア
預言者エゼキエルによって
東方の門であると予言された
——そうだ

Dic quaeso mihi:
quae est ista, quae consurgens
ut aurora rutilat et benedicam?
-Dicam.

Dic, nam ista pulchra
ut luna electa
ut sol replet laetitia
terras coelos, maria.
-Maria.

Maria Virgo, illa dulcis,
predicta de Propheta Ezechiel
porta Orientalis.
-Talis.

聖なる幸いな門
そこを通ると死は追放され
命が導き入れられた
——然り

彼女はつねに完璧な仲介者
人と神のあいだを取り持ち
罪人を癒すための
——仲介者

皆でこの方にしたがおう
そのめぐみによって私たちは得たのです
永遠の命を　ついて行こう
——したがおう

私たちの神
父と御子は母とともにあり

Illa sacra et felix porta,
per quam mors fuit expulsa,
introduxit autem vita.
-Ita.

Quae semper tutum est medium
inter homines et Deum,
pro culpis remedium.
-Medium.

Omnes hanc ergo sequamur,
qua cum gratia mereamur
vitam aeternam. Consequamur.
-Sequamur.

Praestet nobis Deus Pater
hoc et Filius, et Mater

私たちがその名をよぶやさしき方が
哀れな者に慰めを与えてくださいますように
――アーメン
あなたに祝福あれ　処女マリアよ
幾世にもわたって
cujus nom invocamus
dulce miseris solamen.
-Amen.
Benedicta es, Virgo Maria,
in saeculorum saecula.

超絶メリスマ&エコー

〈二人のセラフィム〉同様、超絶メリスマとエコーによる掛け合いが楽しめるのが〈お聞きください　天よ　私の言葉を（Audi coelum verba mea）〉である。テノールによる独唱に導かれ曲が始まると、やがてもうひとりのテノールにより、先唱の模倣がなされる。これがほんとうにすさまじい技巧が求められるメリスマであり、しかもエコーであるからどちらの声部も同じクオリティで演奏されねばならない。モンテヴェルディはこの手法をヴェスプロにおいて多用しているが、テノール歌手にとってはなんともプレッシャーのかかることだろう。カウンターテナーである筆者は楽しく聴いているだけだが……。

この曲でのエコーの特徴は、旋律的な模倣だけにとどまらず、テクストにおいてもエコーを意識しているところだろう。このミサに先行して作曲・上演された歌劇《オルフェオ》でも、エコーがトラキアの野にひとり残されたオルフェオの嘆きに応えるシーンがあり、「ああ、涙が（ahi pianto）」→「おまえは涙した（Hai pianto）」と発音上はまったく同じでも意味が微妙に変化することでダイアローグとなったり、「悲しみ（guai）」→「持っている（hai）」と「グァイ」と発音する言葉の後半「アイ」だけを繰り返すことで、「おまえはたくさんの悲しみを抱えている」という掛け合いを作り出したりしている。本曲〈お聞きください〉でも、「喜ばしい（gaudio＝ガウディオ）」→「聞こう（Audio＝アウディオ）」、「祝福する（benedicam＝ベネディーカム）」→「告げよう（Dicam＝ディーカム）」、「東方の（Orientalis＝オリエンタリス）」→「そうだ（Talis＝タリス）」と語尾を繰り返すことで、絶妙なダイアローグを作り出しているのだ。その後、テノールの「皆で（Omnes）」というよびかけに応じるように六声による合唱となり、ほんの少しだけまたエコーを挟みつつ、処女マリアを高らかに讃える。

〈めでたし海の星よ（Ave maris stella）〉

めでたし　海の星よ　　Ave maris stella
祝福された神の母　　Déi mater alma

永遠の乙女
めぐまれた天の門

幸いあれとのことばを
大天使ガブリエルの口から受け
私たちを平和の中で憩わせてください
エヴァの名を改めて

罪人の縛《いまし》めを解き
盲人に光を与え
私たちの悪を取り除き
すべての善を願ってください

あなたが母であることを示してください
私たちのために生まれた方が
あなたゆえに祈りを
受け入れてくださいますよう

Atque semper Virgo
Félix caeli porta

Sumens illud Ave
Gabriélis ore
Funda nos in pace
Mutans Evae nomen

Solve vincla reis
Profer lumen caecis
Mala nostra pelle
Bona cuncta posce

Monstra te esse matrem
Sumat per te preces
Qui pro nobis natus
tulit esse tuus

唯一である乙女
比類なくやさしい方
私たちを罪から解き放ち
やさしく清らかにしてください

純なる命を授け
安全な道を整え
そして人々がイエスを目にし
ともに喜び続けられますよう

父なる神に讃美が
至高なるキリストと
聖霊に栄光が
三位一体に誉れがありますように
アーメン

Virgo singularis
Inter omnes mitis
Nos culpis solutos
Mites fac et castos

Vitam praesta puram
Iter para tutum
Ut videntes Jesum
Semper collaetemur

Sit laus Deo Patri
Summo Christo decus
Spiritui sancto
Tribus honor unus
Amen

わらべ唄と三拍子

そしてこのダブル・コーラスが、人間の声の重なりによる神秘的な響きを存分に創り出す曲こそ、ミサ後半の〈めでたし海の星よ（Ave maris stella）〉である。この曲は、《聖母マリアの晩課》に収録された他の典礼的楽章と同様に、グレゴリオ聖歌の〈めでたし海の星よ〉をモティーフとして用いている。これは、カトリックにおいて「海の星」とよばれる聖母マリアへの讃歌だ。前述の〈舌よ歌え〉も美しいが、〈めでたし海の星よ〉の旋律はほんとうに美しい。イタリアの友人のお父上が、このグレゴリオ聖歌を唱えながら亡くなった、という話を聞いたのだが、なんだか共感できる。音楽的特徴といえば、動きが緩《ゆる》やかで平坦な他の聖歌に比べて、冒頭から5度の跳躍が登場し、その後も3度や5度の大きな音の動きが現れ、まるで海の波がうねるようなダイナミックなメロディ・ラインが描かれることだ。また歌詞が一行六音節からなる四行詩であるため、音読すると自然に三拍子のリズムが生まれてくるように感じる。

筆者が学生時代、ミラノで師事していた声楽の先生のお宅でのこと。三〜四歳くらいの娘さんがあるときレッスン室へ入ってきて、「お出かけしましょうよ（アンディアーモ　ヴィア＝Andiamo via）と、イタリアのわらべ唄を歌い出したのだが、なんとこれが「タンタ　タンタ　タンタ」という跳ねるような三拍子のリズムであったのだ！　当時、民族音楽学者である小泉文夫先生のわらべ唄の研究に傾倒していたので、「そうか、イタリア人は子供の頃から三拍子の感覚があるから、西洋藝術音楽には三拍子の曲がたくさんあるのか!?」と納得するやら感心するやら。

〈めでたし海の星よ〉が名曲であるのは、彼らが自然と身につけている三拍子が、言葉から生まれ、加えてキリスト教の教義である三位一体もリズムとして表現されているからなのかしら、と勝手に推測してみたのであった。

Ave maris stella の変奏

モンテヴェルディはまず、四声＋四声のダブル・コーラスからなる八声の〈めでたし海の星よ〉を、基礎となる既存の旋律＝定旋律にグレゴリオ聖歌の同名曲を使って作り上げている。これは、これまで定旋律を用いた多声音楽が作曲されるときのいわばお約束のようなもので、別段目新しいものでもない。しかしモンテヴェルディがすごいのは、七連の四行詩、つまり七番まである歌を次々と編成を変えながら聴かせることだ。二番が第一コーラスによって歌われた後には、リトルネッロとよばれる五声の器楽曲が挿入される。リトルネッロは〈めでたし海の星〉の中で計四回登場するのだが、これをどの楽器で演奏するかは演奏者次第。筆者がロム・アルメとツアーをしていたときは、かならずアンドリューのハープ・ソロによるリトルネッロが挿入されていた。残りの三回を、コルネットやトロンボーンによる金管楽器のアンサンブル、リコーダーなどの木管楽器系アンサンブル、そして弦楽器のアンサンブルにすると、通奏低音から擦弦楽器までが次々と現れることになる。

さらに特筆すべきはリトルネッロと交互に現れる声楽曲が、通奏低音＋独唱という編成になっていることだ。これはオペラの誕生と密接な関係にあるモノディ形式に他ならず、この一点を見ても、モンテヴェルディの筆による《聖母マリアの晩課》が当時の最先端を行くもので、独創的なものであったかがわかる。しかし何よりも声を大にしていいたいのは、このモノディがべらぼうに美しい！ということである。もともとのグレゴリオ聖歌がすでに起伏に富んだメロディであるため、それにクールな和音付けをすると、よりその素晴らしさが引き立つという構造だ。

《マニフィカート（Magnificat）》

私の魂は主を褒め讃えます
私の霊は私の救い主である
神に歓喜します

Magnificat anima mea Dominum.
Et exultavit spiritus meus
in Deo salutari meo.

なぜなら身分卑しき下女《はしため》にも
目を留めてくれたからです
これからもいつの世でも
私を幸せな者というでしょう

なぜなら力ある方が
私に偉大なことをされたからです
そしてその御名は神聖です

そして主の憐れみは代々にわたって
主を畏《おそ》れる者におよびます

主はその腕で力を振るい
思い上がった心の者を追い散らします

力ある者をその座から下ろし

Quia respexit
humilitatem ancilae suae:
ecce enim ex hoc
beatam me dicent omnes generationes.

Quia fecit mihi magna
qui potens est:
et sanctum nomen ejus.

Et misericordia ejus a progenie in progenies:
timentibus eum.

Fecit potentiam in brachio suo:
dispersit superbos mente cordis sui.

Deposuit potentes de sede:

卑しい者を高く上げます

飢えた者を良きもので満たし
富める者を何も持たせずに追い返します

主の下僕《しもべ》であるイスラエルを受け入れて
憐れみを思い出して

私たちの父たちに約束したとおり
アブラハムとその子孫に永遠に

父と子と聖霊とに栄光がありますように
初めにそうであったように　いまも　つねに
幾世にもわたって
アーメン

et exaltavit humiles.

Esurientes implevit bonis:
et divites dimisit inanes.

Suscepit Israel puerum suum:
recordatus misericordiae suae.

Sicut locutus est ad Patres nostros:
Abraham et semini ejus in secula.

Gloria Patri, et Filio, et Spiritui Sancto.
Sicut erat in principio, et nunc et semper,
et in secula seculorum.
Amen.

曲集最後には二つの《マニフィカート（Magnificat）》が収録されている。ひとつは七声の声楽と六声の器楽（＋通奏低音）から始まるもの、もうひとつは六声の声楽＋通奏低音から始まるものである。このふたつのマニフィカートは編成が異なることから、どちらか一方を演奏にさいして選択するべきであろう。じっさいのところ、筆者は前者のヴァージョンでしか演奏をしたことがない。《マニフィカート》は「私の魂は主を褒め讃えます」という歌詞で始まり、毎日の晩課で歌われるもので、マリアが神の子を産むこととなったことを感謝する内容となっている。テクストは一二節あり、それぞれが、二～三声の声楽アンサンブルや器楽アンサンブルに声楽の定旋律パートを加えたものなど、多彩な響きを導く構成となっている。

ソプラノ声部（カントゥス）がグレゴリオ聖歌〈褒め讃えます（Magnificat）〉にもとづく旋律をア・カッペッラで歌い始めると、呼応するように他声部が歌い始め、やがてすべての声楽と器楽が高らかに同旋律を歌い上げる。この音楽的構築は、まるで天からの一筋の光がだんだんと光量を増し、やがて眼前を覆い尽くすような巨大な光になったかのような心象風景を見せる。次の瞬間この巨大なエネルギーはソプラノのソロに集約され、歩みを続けるバス旋律と美しいコントラストを描く。ちなみに冒頭のグレゴリオ聖歌の旋律は、このあともしばしば定旋律として現れ、曲全体をまとめる役割を果たす。

「私の霊は私の救い主である　神に歓喜します（Et exultavit spiritus meus in Deo salutari meo）」はカノンのように歌い出したのち、華やかに調和する3度のハーモニーを聴かせる二人のテノールに対して、アルト声部が定旋律を受け持つ。続く「なぜなら身分卑しき下女にも　目を留めてくれたからです（Quia respexit humilitatem ancilae suae）」では、コルネット、ヴァイオリン、ヴィオラ・ダ・ブラッチョなどによる器楽の演奏に導かれ、旋律はテノールに受け継がれる。定旋律の少ない動きに比べ、バスも含めた器楽が雄弁に語るあたりが面白い。「なぜなら力ある方が　私に偉大なことをされたからです（Quia fecit mihi magna qui potens est）」では、定旋律はふたたびアルト声部に戻り、二人のバスの掛け合いが絶妙な調和を見せる。ここに二本のヴァイオリンがやはり掛け合いによる演奏を加え、ドミナント・コード上で細分装飾されたのち、主和音で解決にいたるさまが、やはり光を感じさせる。

男声の低声二人による旋律の絡みが通奏低音とあいまって、「そして主の憐れみは代々にわたって（Et misericordia ejus a progenie in progenies）」が、地の底から響いてくるようなサウンドから始まる。定旋律は、最初にテノールが受け持ち、次にソプラノ、といったふうに上声部が奏でる。この曲には「対話ふうに（in dialogo）」と記されており、六人のソリストが女声と男声三人ずつに分かれて、対話のように歌を進めてゆく。「主はその腕で力を振るい（Fecit potentiam in brachio suo）」になると、ヴァイオリン二本が華やかに鳴り響き、これをヴィオラ・ダ・ブラッチョと通奏低音が支える。アルトのみによる定旋律は、まるではるか遠くに見える山に流れる雲がうっすらとたなびくようだ。

頑張れコルネット！

個人的には、二本のコルネットが絡み合いエコーを奏でる「力ある者を（Deposuit）」と、それに続き三本のコルネットが活躍する「飢えた者を（Esurientes）」の緊張感がたまらなく好きだ。「力ある者を」では上声のコルネットのパートを、下声部を吹くコルネットがエコーのように模倣する。人間の声にもっとも近い楽器ともいわれるからであろうか、コルネットは音色も人間の声並みに個性が出るように思える。そんな楽器でエコーの効果を出すのはなかなかむずかしい。演奏に問題がなくとも、二人の奏者の音色がいちじるしく違うと少し残念な気がするのだ。もともと演奏人口の少ないコルネット奏者から、さらに演奏スタイルや音色の似た二人をキャスティングするのは至難の技であろう。じっさい、このエコーが曲後半でヴァイオリン二本に受け継がれると、とたんにこの問題が減少するように思える。ちなみにこの器楽の技巧的な掛け合いの妙味の後ろで、地味に定旋律を保っているのはテノール（クイントゥス）である。「飢えた者を」では、ただでさえ演奏のむずかしいコルネットが三本も登場するのだから緊張感はマックスになる。女声が定旋律を3度のハモりで歌うのだが、前奏および間奏となるコルネットのアンサンブルが安定していればいるほどありがたい。別な意味での緊張感あふれる演奏だと、歌い出しまでに歌手がドキドキしてしまうからだ。世界でもっとももずかしい楽器としてギネス・ブックに登録されたのはオーボエとホルンだったそうだ。しかし、現在の木管楽器と金管楽器の中間のような構造で、リコーダーのような指孔のみで、ホルンよりも小さなマウスピースで演奏せねばならないコルネットこそ、世界一むずかしい楽器とよばれるにふさわしいのではないだろうか。

そういえばホルンのイタリア語名は角（角笛）を意味する「コルノ（corno）」で、「コルネット（cornetto）」は言葉の成り立ちとして、コルノの「小さくて可愛いヴァージョン」だから、余計にコントロールがむずかしくなるのもうなずける。しかし、だからこそ音に感動があるのだろう。

「主の下僕であるイスラエルを受け入れて（Suscepit Israel puerum suum）」は三声と通奏低音のために書かれており、ソプラノ二人がメリスマをともなう追いかけっこのような旋律を歌い交わしている下で、テノールが定旋律を歌う。次の「私たちの父たちに約束したとおり（Sicut locutus est ad Patres nostros）」では六声の器楽が大活躍する。楽譜に「一声と六つの楽器による対話」と記されてあるとおり、アルトが定旋律を歌う上で、ヴァイオリン二本とヴィオラ・ダ・ブラッチョによる擦弦楽器三声部と、コルネット二本とトロンボーンによる吹奏楽器三声部が「花いちもんめ」のような掛け合いをおこなう。筆者はこの曲を聴くたび、演奏するたび、「主が街を守られるのでなければ（Nisi Dominus custodierit civitatem）」と同様、ほんとうに「花いちもんめ」の映像が脳内再生されてしまうのだが、イタリア人をはじめとするヨーロッパや他国の人々はこの曲からどのようなイメージを創り上げるのだろう。

エコーについて

さて曲はいよいよシメの部分に突入する。テノール二人による掛け合い、しかもメリスマをこれでもかと駆使した「父と子と聖霊とに栄光がありますように（Gloria Patri, et Filio, et Spiritui Sancto）」には「三声で、そのうち二声はエコーで歌う」との指示がある。残りの一声はソプラノによる定旋律だ。他の曲でもそうだが、エコーを要求する楽曲では、二声もしくは三声の歌手および奏者を会場のどこに配置するのかが毎回悩みのタネとなる。コンサート・ホールではひとりがステージ上で歌い、もうひとりが舞台袖《そで》から歌うという「カゲ歌作戦」を採ることが多い。これはわりと問題が少ないシチュエーションだが、ほんらいあるべき場所、つまり教会で演奏する場合、これがやっかいなのだ。

なぜかというと音楽ホールはだいたいどこもその構造は似たり寄ったりであり、ステージがあって、上手下手に奏者が待機できるスペース、つまり舞台袖があるため、そこを活用できる。しかも舞台はカメラによってモニターされていたり、舞台につうじる扉に小窓があったりと、観客から奏者の姿が見えない場所からでも奏者自身は、演奏の様子を確認できる。そのため遠くから聞こえるような演奏、つまりただの模倣ではなく、山びこのような効果を出そうとすると き、ステージからの距離感と音量の差を感じさせることが容易なのである。

これに対して教会には、おあつらえ向きの舞台袖というものがない。筆者の経験からいうと、歌手および器楽奏者はたいてい、祭壇の前あたりで演奏をおこなうのだが、その左右にはかなり大きな空間がどどんと広がっている。そこであるときは祭壇の後ろにエコー要員を隠してみたり、教会付きの大オルガンがあるバルコニーから歌ってみたりする。教会のかたちは十字架を模しており、基本的なデザインに共通点は多いのだが、けっきょくそれぞれの教会の個性があり、試行錯誤《さくご》の繰り返しだ。上声部、下声部ともに同じステージ上で、せめて上手下手に距離を取って演奏することも多々ある。モンテヴェルディが求めていたサウンドと現代の演奏会場における演奏効果のあいだで、われわれ音楽家はつねに揺れ動いているのだ。

このマニフィカートの最後の曲であり、ヴェスプロ全体の終曲となるのが「初めにそうであったように（Sicut erat in principio）」である。「すべての楽器と声によってフォルテで歌われ、奏でられる」と記されており、七声の合唱が朗々と歌い上げるなか、二つのソプラノ声部に委ねられた定旋律は、他の曲でも見られたように、先行する声部を追いかけ、少し入りをずらしながら奏でられる。これに絡むすべての声部が揃ったところで、溜まったエネルギーがいっきに放出されるかのように、メリスマによる「アーメン」のコーラスが走り出し、長大な晩課は感動のフィナーレを迎えるのである。

ウリッセ 祖国への帰還

Il ritorno d'Ulisse in patria

1641

トロイア戦争と《イドメネオ》

先日、東銀座の東京劇場へ行って、ニューヨークのメトロポリタン歌劇場が制作している「METライブビューイング」のモーツァルト《イドメネオ》を見てきた。これはメトロポリタン歌劇場で上演されているオペラをライヴで録画し、出演者やスタッフへのインタビュー、休憩時間の舞台裏などを加え、映画として上映するものである。映画館の大スクリーンで鑑賞するオペラは、音響設備の充実とあいまってなかなかの迫力であるし、オペラにかかわる身としては、休憩中の舞台転換や舞台を支える人々へのインタビューなどがかなり興味深い。さすがにメトロポリタン歌劇場ともなると、衣装や小道具の作り込みもていねいで、オペラ・グラスを使ってもなかなか見ることのできないディテールが、スクリーンで大写しになるのも面白い。もっとも、細部までよく見えるということは、舞台藝術にとって大きなデメリットでもある。プッチーニ《ラ・ボエーム》観劇の折りは、息絶えたヒロインの手を取り恋人が号泣しながら彼女の名を叫ぶ最後のシーンで、亡くなったはずのヒロインの胸が正しく健やかに上下しながら呼吸をしているさまがよく見えてしまった。ふだんであれば物語の結末にこちらも大号泣するところが、思わずクスリとしてしまった。オーケストラ・ピットを挟んだ舞台上であれば何も問題ないはずなのに……。

さてモーツァルトの書いたオペラ・セリア《イドメネオ》は、かのトロイア戦争において勝利をおさめたギリシャ（アカイア）勢側の、クレタの王イドメネオの物語である。戦地からの帰路で嵐に遭い、「生還できたなら、陸に上がって最初に会った者を生贄《いけにえ》に捧げる」と海神ネットゥーノ（ネプチューン、ポセイドン）に誓いを立てる。その甲斐《かい》あってか、イドメネオはクレタ島にたどり着くが、海岸で最初に出会ったのは、なんと彼の息子イダマンテであった……。忠臣アルバーチェの提案により、イダマンテを慕《した》うアルゴスの王女エレットラとともに逃がそうとするものの、海から怪物が現れ人々を襲う。イドメネオが契約を守らないため、ネットゥーノの怒りに触れてしまったのだ。イダマンテは怪物を退治することを決意し、クレタ島に囚われていたトロイア王女イリアと互いの愛を確かめ合う。イドメネオのもとへ、海神を祀《まつ》る神殿の大司祭が民衆とともにやってきて、神が求めている生贄が誰であるのかを明かすようにせまる。息子イダマンテこそが生贄であると王が答えると皆が恐怖に凍りつく。そこにアルバーチェがやってきて、怪物をイダマンテが倒したと告げる。イドメネオがネットゥーノのさらなる報復を恐れていると、イダマンテが現れ、みずから生贄になることを申し出る。そこへイリアが駆け寄り、敵国の王女である自分こそが生贄にふさわしいと身代わりを申し出る。するととつぜん「イドメネオは退位し、イダマンテが王となり、イリアを妻とせよ」とネットゥーノの神託の声が響く。エレットラは怒り狂うが、民衆の歓喜の合唱で幕となる。

漂流のヒーロー、ウリッセ（オデュッセウス）

実は現存するモンテヴェルディの三つのオペラの中に、モーツァルトの《イドメネオ》と同じくトロイア戦争に参加した武将をタイトル・ロールとする作品がある。ホメロス作の長編叙事詩『オデュッセイア』に登場するイタカ（イタケ）の王オデュッセウスを主人公とした《ウリッセ 祖国への帰還（Il ritorno d'Ulisse in patria）》だ。オデュッセウスのイタリア語名がウリッセ。なかなか決着のつかない戦いの中にあって、かの有名な「トロイの木馬」作戦を考案、自軍を勝利に導いたものの、帰国途中、海神ネットゥーノの妨害に遭い一〇年にもおよぶ漂泊を強いられ、戦争期間と合わせ二〇年も妻の待つ祖国に帰れなかった。

音楽、演劇、美術など藝術作品のテーマとして数多く取り上げられてきたトロイア戦争だが、戦《いくさ》のきっかけはトロイアの王子パリデ（パリス）が、スパルタ王メネラオ（メネラオス）の妻エレナ（ヘレネ）をさらったことにある。物語をさかのぼると、あるとき、最高女神ジュノーネ（ヘラ）、知略の女神ミネルヴァ（アテナ）、そして美と愛の女神ヴェーネレ（アプロディーテ）の三人の女神が美人コンテストよろしく、誰がいちばん美しいかを競い合ったのだが、そのさいパリデに審判をさせたのである。ジュノーネは「アジアとヨーロッパ全体の覇権《はけん》」を、ミネルヴァは「戦いにおける常勝」をパリデに与えることを約束し、自分を選ぶよう働きかけた。しかしヴェーネレは自分を選べば「世界一の美女をおまえに与えよう」とパリデに囁《ささや》く。この提案にすっかり心を奪われた彼は、「いちばん美しいと思う女神にこれを渡すように」とメルクリオ（ヘルメス）から預かった黄金のリンゴをヴェーネレに渡してしまった。実は褒美《ほうび》となる「世界一の美女」とはエレナのことであり、パリデはスパルタ王妃とトロイアへ駆け落ちしたうえに結婚までしてしまう。そこでメネラオは、エレナが夫を選ぶさいにギリシャ中の武将、英雄たちが立てた誓い、「この結婚に害をなす者があれば、全員が協力してエレナの夫を助ける」にもとづいて、兄アガメンノーネ（アガメムノン）を総大将としたギリシャ連合軍とともに、エレナ奪還《だっかん》のためトロイアに侵攻した。この戦争は神々をも巻き込み、ネットゥーノと、美神コンテストでパリデに恥をかかされたと感じているジュノーネとミネルヴァがギリシャ勢に、パリデを愛でるヴェーネレをはじめとしてアポッロ、マルテ、ディアナはトロイア勢に味方した。

さて、ウリッセはトロイアからの帰路、激しい嵐に見舞われ、ほんらいの進路と真逆の方向へと流されてしまう。ここからさまざまな苦難に満ちた一〇年におよぶ漂泊が始まるのだ。ほんらいギリシャ勢に味方していたはずのネットゥーノからウリッセが妨害を受けるようになった理由は、ネットゥーノの息子である人喰いひとつ目巨人ポリフェーモの目を潰《つぶ》したからだ。この怪物の魔の手からみごとに逃れたさい、興奮したウリッセは、思わず自分のほんとうの名を口にしてしまい、それを聞いたポリフェーモは父に、ウリッセに罰を与えてくれと願ったのである。

英雄譚のはずが「人間の儚さ」？

人間の儚さ：
私は死す宿命にあるもの
人間だ
すべてのものが私を脅かす
たったひと吹きが私をなぎ倒す
私を創った〝時〟が
私に立ち向かう

時：
わしの歯からは
何も逃れられない
嚙みつき
楽しく味わうのだ
逃げるな　人間よ
わしは足が不自由だが翼があるぞ

L'Humana fragilità:
Mortal cosa son io,
fattura umana.
Tutto mi turba,
un soffio sol m'abbatte,
il tempo, che mi crea,
quel mi combatte.

Il Tempo:
Salvo niente
dal mio dente.
Ei rode,
ei gode.
Non fuggite, o mortali,
ché, se ben zoppo, ho l'ali.

人間の儚さ：
私は死す宿命にあるもの
人間だ
危機がせまっているわけでもなく
虚しくあちこちを探し求める
儚い人生は
〝運命〟の戯れなのだ

運命：
私の生活は　欲求と
喜びと苦しみからなるの
私は盲目で耳も聞こえないから
見ることも聞くこともない
富も権力も
私のやり方で与えるわ

L'Humana fragilita:
Mortal cosa son io,
fattura umana,
senza periglio
invan ricerco loco,
ché fragile vita
è di Fortuna un gioco.

La Fortuna:
Mia vita son voglie,
le gioie, le doglie.
Son cieca, son sorda
non vedo, non odo.
Ricchezze, grandezze
dispenso a mio modo.

人間の儚さ：
私は死す宿命にあるもの
人間だ
〝愛〟の暴君に
したがい　打ちひしがれる
若々しくもつかのまの
私の青春時代は

愛：
神の中の神で戦士
世界は僕を〝愛〟とよぶ
盲目の射手で翼のある裸ん坊
防御も盾も僕の矢の前では無駄なのさ

人間の儚さ：
私はまったくもって惨めな
人間だ

L'Humana fragilità:
Mortal cosa son io,
fattura umana.
Al Tiranno d'Amor
serva sen giace
la mia fiorita età,
verde e fugace.

Amore:
Dio de' Dèi feritor,
mi dice il mondo Amor.
Cieco saettator, alato, ignudo,
contro il mio stral non val difesa o scudo.

L'Humana fragilita:
Misera, son ben io,
fattura umana,

盲目や足の不自由な存在を頼りにするなんて
無駄なことだ

時：
わしにとっては壊れやすく

運命：
私にとっては哀れなもの

愛：
僕にとっては混乱したもの

全員：
これが人間というものだろう

時：
時は急ぎ

creder a ciechi e zoppi
è cosa vana.

Il Tempo:
Per me fragile

La Fortuna:
Per me misero

Amore:
Per me torbido

Tutti:
Quest'uom sarà.

Il Tempo:
Il Tempo ch'affretta

運命：　La Fortuna:
運命は誘惑する　Fortuna ch'alletta

愛：　Amore:
愛は矢を降らせる　Amor che saetta

全員：　Tutti:
同情などない　Pietate non ha.
壊れやすく　哀れで　混乱している　Fragile, misero, torbido
これが人間というものだろう　quest'uom sarà.

オペラ《ウリッセ　祖国への帰還》は、《オルフェオ》などと同じく初期バロック・オペラの構成様式そのままに、プロローグから幕を開ける。

《オルフェオ》ではプロローグに「音楽」が寓意の人物として登場し、高貴な観客への慇懃《いんぎん》な挨拶《あいさつ》とともに、これから語られる物語の説明をおこなったのだが、《ウリッセ》では「人間

初期バロック・オペラでは、プローロゴ（序幕）にさまざまなアレゴリー（寓意の人物）が登場して本編のテーマというべきものを提示することが多い。《ウリッセ》には「運命」「時」「愛」そして「人間の儚さ」が登場する。

《ウリッセ 祖国への帰還（Il ritorno d'Ulisse in patria）》1641

の儚さ（L'Humana fragilità）」と命名された、不思議な役が登場する。そしてこの「死す宿命にあるもの」を虐《しいた》げ、翻弄《ほんろう》するものたちとして「愛（Amore）」「運命（La Fortuna）」「時（Il Tempo）」のアレゴリーが登場するのである。

それではなぜ「人間の儚さ」なのか？　トロイア戦争の英雄譚の主題にしてはずいぶん情けない感じが否めない。『オデュッセイア』においてウリッセはありとあらゆる苦難に出会うが、そのたびに知恵と勇気で問題を解決し、最後には故郷へ帰り着いたのであるから、「叡智《えいち》」とか「人間の勇気」などという寓意はなかったものか。「諸行無常」「人間万事塞翁《さいおう》が馬」などの思いを抱かせるプローロゴは、日本人の心には馴染《なじ》みやすいだろうし、筆者も大いに共感するところである。しかしオペラは、二〇年間夫の帰りを待ちわびていた妻ペネロペがウリッセをやっと夫本人と認め、愛の二重唱をもって大団円となるのだ。

これはあくまでも私見ではあるが、このオペラにもうひとつの主題を見つけるとしたら、それは「希望（speranza）」ではなかろうか。《オルフェオ》においても、亡くなった妻エウリディーチェを冥界へ取り戻しに行くことを決意した主人公を導いたのは「希望」である。苦しい境遇にもかかわらず希望を捨てずに、王の帰還を待ち続けた王妃、同じく父の帰りを待ちわびる息子テレーマコ、忠実な羊飼いエウメーテ、そしてオペラには登場しないが、姿を変えて帰ってきた主人にまっさきに気づいたウリッセの愛犬……。すべての人々（＋犬）が希望を失わなかったからこそ、待つことが可能であったわけであり、この光こそが作品自体を輝かせる重要な主題であろう。

民衆に開かれた劇場で育つオペラ

現存するモンテヴェルディのオペラ三作品のうち、一六〇七年初演の《オルフェオ》と一六四一年にヴェネツィアで初演された《ウリッセ 祖国への帰還》を比べてみると、様式や内容のあまりの違いに唖然《あぜん》とする。ほんとうに同じ作曲家の筆によるものなのかと疑いたくなるほどだ。もちろん《オルフェオ》と《ウリッセ 祖国への帰還》とのあいだには三四年もの隔りがあるのだから、作風が変化したとしても何も不自然ではない。しかし作品の質が変化した理由は、単にモンテヴェルディが作曲家として成熟した、もしくは好みが変わったということだけではなく、オペラ上演の場が変化したことにもある。

初期のオペラはヤコポ・ペーリの《ダフネ》《エウリディーチェ》、そしてモンテヴェルディの《オルフェオ》も含め、すべて貴族の館や祝祭などの場所と機会において、限定された観客を前に上演されていた。しかし一六三七年にヴェネツィアに史上初の開かれた歌劇場であるサン・カッシアーノ劇場が開場したことによって、オペラは貴族に独占される藝術ではなくなった。これは当時の感覚からいえば、映画館のスクリーンでオペラを観るライブビューイング以上に衝撃的なできごとであっただろうし、オペラ史における大きな転換点である。

 《ウリッセ 祖国への帰還（Il ritorno d'Ulisse in patria）》1641

オペラはヴェネツィア人のみならず外国の観客にも熱狂的に受け入れられ、その需要がまたヴェネツィアに新たな歌劇場を開場させるエネルギーとなった。新しく開場したサン・モイーゼ劇場では、現在では〈ラメント＝嘆きの歌〉のみが残っているモンテヴェルディ作曲のオペラ《アリアンナ》（1608）が一六四〇年に再演されている。そしてジャコモ・バドアーロの台本による《ウリッセ 祖国への帰還》が、一六四一年に前述のサン・カッシアーノ劇場において初演されている。この年モンテヴェルディはさらにバドアーロの台本による《エネアとラヴィーニアの婚礼》をサンティ・ジョヴァンニ・エ・パオロ劇場で初演している。そしてさらに翌年のシーズンには、フランチェスコ・ブゼネッロの台本によるモンテヴェルディ最後のオペラ《ポッペアの戴冠》が、サンティ・ジョヴァンニ・エ・パオロ劇場で初演された。

こうしてオペラが王侯貴族だけではなく、不特定多数の聴衆に開かれた舞台藝術となることで、とうぜんその内容も変化した。《オルフェオ》では、プローロゴで「音楽」が高貴な観客への挨拶から始まり、あるときは心を癒し、あるときは心を燃え上がらせる、といった自身の崇高な働きについて自己紹介をおこない、さらには献身的な愛によって亡くなった妻を、自身の音楽の力を頼りに冥界まで取り戻しに行った天才音楽家オルフェオについて紹介したい、と口上を述べる。それに対して《ウリッセ 祖国への帰還》では、先に述べたとおり、トロイア戦争の英雄であるウリッセが主人公であるにもかかわらず、プローロゴに登場する寓意の人物たちは、彼の英雄譚を語るわけでもなく、ただ「人間の儚さ」について言及するのみである。

また主人公も、オルフェオは劇中でアポッロの息子という設定になっているため、どちらかというと神の存在に近いが、ウリッセは正真正銘の人間である。劇中には、彼の航海を妨害する海神ネットゥーノや、彼を助ける知略の女神ミネルヴァなども登場するが、物語の主人公であるウリッセは、「時」や「運命」、「愛」に翻弄される、死すべき存在＝人間なのだ。理想郷や神話の世界の住人たちの物語ではなく、もっと生々しい人間のドラマをオペラが台本として起用するようになったのは、ひとえに観客そのものに起因するのだろう。

ペネロペ：
哀れな王妃の
悲しき苦悩が絶えることはない

彼を待てども来ることはない
そして年月だけが逃げるようにすぎる
一連の苦しみは　ああ　あまりにも長引き
不安に生きる者に　時は足が不自由な者のよう

Penelope:
Di misera regina
non terminati mai dolenti affanni.

L'aspettato non giunge
e pur fuggono gli anni;
la serie del penar è lunga, ahi, troppo,
a chi vive in angosce il tempo è zoppo.

あまりに儚い希望
青さを失った希望は老いて白くなり
老いの苦しみには
平安も健康も約束されない

かの記念すべき日より
二〇年が過ぎ去った
高慢なトロイア人が
略奪によって
彼の祖国に破滅をもたらしたのだ

トロイアは然るべく炎上した
不純な愛ゆえに
情熱ゆえの罪は
炎によって清められた
だが道理に反した他者の過ちにより
無実の者が断罪され

Fallacissima speme,
speranze non più verdi ma canute,
all'invecchiato male
non promette più pace o salute.

Scorsero quattro lustri
dal memorabil giorno
in cui con sue rapine
il superbo troiano
chiamò l'altra sua patria alle ruine.

A ragion arse Troia,
poiché l'amore impuro,
ch'è un delitto di foco,
si purga con le fiamme;
ma ben contro ragione per l'altrui fallo
condannata innocente

他者の罪により私は
罪の悲嘆にくれている

賢く思慮深いウリッセよ
密通者たちを罰することができるあなたは
剣を尖らせ炎を掲げ
ギリシャから逃げた女の過ちに
報いたではありませんか　それなのに
あなたの貞節な妻を
名誉を危うくし　もしくは死にいたらしめる
恋敵《がたき》である敵中に置き去りにするのですか

すべての旅立ちには
待望の帰還が待っているというもの
あなただけが帰還の日を失ってしまったのです

dall'altrui colpe io sono
l'afflitta penitente.

Ulisse accorto e saggio,
tu che punir gli adulteri ti vanti,
aguzzi l'armi e susciti le fiamme
per vendicar gli errori
d'una profuga greca, e intanto lasci
la tua casta consorte
fra nemici rivali
in dubbio dell'onore, in forse a morte.

Ogni partenza attende
desiato ritorno:
tu sol del tuo tornar perdesti il giorno.

オペラ本編はウリッセの妻である王妃ペネロペのラメントから始まる。ペネロペは二〇年ものあいだ、帰らぬ夫を待っているのだ。この設定がなんというか、筆者にはものすごく演歌的に思えてならず、もしかしたら現存するモンテヴェルディ作品の中でも、ストーリーとしてはいちばん日本人の共感を得られるのではないかとも思っている。たとえば、幸若舞や浄瑠璃などの題材となっている『百合若大臣』という物語は、蒙古襲来に対する討伐軍大将となった武将が、その強弓でみごと敵を討ち果たしたものの、部下の裏切りに遭い孤島に置き去りにされ、その後妻が神に祈願すると帰還が叶い、裏切り者を成敗する、というまるで『オデュッセイア』そのものであるかのような内容であり、我が国で広く親しまれてきた。じっさいのところ、この系統の説話は広く世界中に分布しているらしく、日本人のみならず、あらゆる民族の共感をよぶ物語のパターンであるともいえよう。


私はまだ眠っているのか　それとも起きているのか？　Dormo ancora o son desto?

いったいどこの地を目にしているのだろうか？　Che contrade rimiro?

どこの大気を吸っているのだろうか？　Qual aria vi respiro?

そしてどこの大地を踏みしめているというのか？　E che terren calpesto?

誰がしたのだ　誰が　Chi fece in me, chi fece

いつも甘く喜ばしいはずの眠気を　il sempre dolce e lusinghevol sonno
苦しみの使者と成し　ministro de' tormenti,
誰が私の安らぎを悪意に満ちた災いと成したのか？　chi cangiò il mio riposo in ria sventura?

知略の女神ミネルヴァの助けを得て、ウリッセがとうとう祖国のイタカに帰還すると、彼の長い留守中に、玉座と遺産を狙う者たちが妻の王妃ペネロペに言い寄っていた。その数は四〇人ともいわれ、我が物顔に主のいない宮殿へ日夜やってきては、王妃を口説き、飲み食いをしているのだ。ミネルヴァはウリッセをみすぼらしい老人に変身させたのち、彼の息子テレーマコを連れ戻しにスパルタへ向かう。女神の助言にしたがい、ウリッセが年老いた忠実な羊飼いエウメーテを訪ね、一夜の宿を乞うと、心やさしいエウメーテは受け入れてくれる。ウリッセが変身した老人から、王の帰還が近いと知らされ、老羊飼いは大いに喜ぶ。ミネルヴァがテレーマコをエウメーテのもとへと連れ帰ると、老羊飼いは王子の思いがけない帰国に驚き喜ぶ。テレーマコは、母ペネロペに帰国したことを知らせてくるようエウメーテに命じる。そのときウリッセがもとの姿でテレーマコの前に現れ、親子は再会を喜びあう。

ミネルヴァは20年の時を経て帰郷したウリッセの前に羊飼いの姿で現れ、正体を明かしたのち、彼を老人に変身させる。

テレーマコから父ウリッセの帰還を母ペネロペに伝えるよう頼まれ、羊飼いのエウメーテは宮殿で王妃に謁見する。宮殿には無遠慮な求婚者たちが押しかけていた。

順次進行のバス旋律が導き出すドラマとは

テレーマコ：
幸せな旅路
快い旅
神の車は
まるで光線のように走ってゆく

ミネルヴァ：
さあ父上の屋敷に着きましたよ
賢明なテレーマコ
けっして私の忠告を忘れてはいけません
心が正道を外れるようなことがあれば
危険な目に遭うでしょう

テレーマコ：
私に危険を注意しても無駄です

Telemaco:
Lieto cammino,
dolce viaggio.
Passa il carro divino
come che fosse un raggio.

Minerva:
Eccoti giunto alle paterne ville.
Telemaco prudente,
non ti scordar giammai de'miei consigli,
che, se dal buon sentier travia la mente
incontrerai perigli.

Telemaco:
Periglio invan mi grida

あなたの善意に身をまかせていますから

エウメーテ：
おお　ウリッセ様の立派な息子よ
あなたの母上の暮らしを
穏やかにするために帰ってきたのでしょう？
おお　ウリッセ様の立派な息子よ
けっきょくはあなたの傾きかけた生家を
とてつもない破滅から守るために
帰ってきたのですな
嘆きなど去れ　涙は終わりだ
歌で歓迎しましょう　旅の方
我らの喜びにのせて

エウメーテ＆ウリッセ：
緑の野辺よ　喜びの日に
草花をふたたび美しくするのだ

se tua bontà m'affida.

Eumete:
Oh gran figlio d'Ulisse,
è pur ver che tu torni
a serenar della tua madre i giorni?
Oh gran figlio d'Ulisse
e pur sei giunto al fine
di tua casa cadente
a riparar l'altissime ruine.
Fugga il cordoglio e cessi il pianto.
Facciam, o peregrino,
all'allegrezze nostre honor col canto.

Eumete & Ulisse :
Verdi piagge, al lieto giorno
rabbellite herbette, e fiori,

そよ風はキューピッドたちと戯れ
素敵な戻りに天は微笑む

テレーマコ：
おまえの親切な援助がほんとうにありがたい
歓待してくれるのだろうが　喜びは不完全だ
父を待つ心は満足できない

エウメーテ：
あなたがこちらに見る
疲れ切った肩に
たいそうな年月の重みを背負い
そしてぼろの衣服に身を包んだ方が
これよりそう遠くないうちに
ウリッセ様が帰ってくると保証してくれました

scherzin l'aure con gli amori,
ride il ciel al bel ritorno.

Telemaco:
Vostri cortesi auspici a me son grati.
Manchevole piacer però m'alletta
ch'esser paga non puote Alma ch'aspetta.

Eumete:
Questo che tu qui miri
sovra gli omeri stanchi
portar gran peso d'anni,
e mal involto da ben laceri panni:
Egli m'accerta, che d'Ulisse il ritorno
fia di poco lontan da questo giorno!

エウメーテと白髪の乞食姿になっているウリッセ、そしてテレーマコの三者が揃うシーンには、ウリッセとエウメーテの二重唱が二回挿入されているが、この場面後半の「甘い希望は胸を大いに喜ばせ」は、《ポッペアの戴冠》の幕切れの二重唱〈あなたを見つめ〉と同様、〝ト長調ヴァージョンのパッサカリア〟ともいえる、ソファミレとバスが順次進行で下行するバス旋律によるものである（〝シャコンヌ〟とする文献もある）。

《ポッペアの戴冠》でネローネ役を歌っていたさい、ネローネの友人で詩人であるルカーノとの二重唱に、やはり同じバス旋律が挿入されていることに気がついた。ルカーノが修辞のかぎりを尽くしてポッペアの魅惑的な唇を讃美しているところで、ネローネはひたすら「ああ、宿命よ！」と叫び続けるという、どういう芝居をすべきなのか毎回頭を悩ませるシーンである。ウリッセとエウメーテの二重唱とネローネとルカーノの二重唱、そしてポッペアとネローネの二重唱に同じようなバッソ・オスティナートが使われているわけだが、ここにいったいどのようなドラマ上の共通点があるのだろうか。ウリッセ&エウメーテとネローネ&ルカーノのシーンについては、どちらも酒食で良い心持ちになった男どもが、新橋のガード下で酔っ払ったサラリーマンよろしく大声で歌い始めたかのように思えるが、それだけでは音楽的な動機として弱い。何よりもポッペア&ネローネの天国的な二重唱との共通項が見えない。

ではいったい何が三つの二重唱に優美なバッソ・オスティナートを与えたのか。それは音楽用語でもおなじみの「ドルチェ（dolce）」であろう。学校教育で習うドルチェは「やさしく」

「柔らかに」という表情記号であるが、普段使いのイタリア語の第一義は「甘い」である。名詞であれば甘い菓子のことであり、イタリア料理をアンティパスト、プリモ・ピアット、セコンド・ピアットと食べ進めれば、最後に出てくるデセール（デザート）こそが「ドルチェ」である。「甘美」であることが大事なのだ。そう考えると、三つの二重唱の「心を大いに喜ばせる甘い希望」「甘い唇《くちびる》、ポッペアの甘い魅力」「ついに成就された甘い愛の喜び」、これらの「ドルチェ」がイベリア半島起源といわれる甘美な三拍子のバッソ・オスティナートを導き出したのである。

バロック・オペラにおける神々と人間の交流

テレーマコ：
なんと　またもや新たな奇跡を目にしたのか？
変わってしまった
死と生が入れ替わってしまったのか？
もはやこれを
悲惨な転落死などとはよべないぞ

Telemaco:
Ma che nuovi portenti, oimé, rimiro?
Fa cambio, fa permùta
con la morte la vita?
Non sia più che più chiami
questa caduta amara,

死ぬ代わりに人が若返ってしまうのであれば

ウリッセ：
テレーマコ
その驚きを喜びに変えるが良い
乞食がいなくなったとしても父を得たのだからな

テレーマコ：
ウリッセが天の血統を
誇ったとしても
儚き定めの人間が変身などできまい
ウリッセではあるまい
神々のいたずらか
おまえが魔法使いであるかだ

ウリッセ：
ウリッセだ　私はウリッセだ

se col morir ringiovanir s'impara.

Ulisse:
Telemaco, convienti
cangiar le meraviglie in allegrezze,
ché se perdi il mendico, il padre acquisti.

Telemaco:
Benché Ulisse si vanti
di prosapia celeste,
trasformarsi non puote huomo mortale.
Tanto Ulisse non vale.
O scherzano gli Dei,
o pur mago tu sei.

Ulisse:
Ulisse, Ulisse sono.

ミネルヴァが証人だ
空を飛びおまえを連れてきたあのミネルヴァだ
彼女の考えによって私の姿を変えていたのだ
安全かつ人知れず行動するために

テレーマコ：
ああ待ちに待った父上
栄光の父よ
あなたに辞儀を　ああ私の喜びよ
子としての感動の喜びが
私を涙ぐませるのです

ウリッセ：
ああ待望の息子よ
甘美な愛の証よ
おまえを抱きしめよう
父としてのやさしさが

Testimonio è Minerva,
quella che te portò per l'aria a volo.
La forma cangiò a me come le aggrada,
perché sicuro e sconosciuto io vada.

Telemaco:
O padre sospirato,
genitor glorioso,
t'inchino, o mio diletto.
Filiale dolcezza
a lagrimar mi sforza.

Ulisse:
O Figlio desiato,
pegno dolce amoroso,
ti stringo.
Paterna tenerezza

私に涙させる

テレーマコ&ウリッセ：
人間はすべてを信じあらゆる希望を持つ
天が護ってくれるとき
自然の法も覆《くつがえ》り
不可能なこともしばしば実現するのだ

ウリッセ：
母のもとへ行け　行け
宮殿へ行くのだ
私もすぐにおまえと合流するが
その前に白髪の老人に戻ろう

il pianto in me rinforza.

Telemaco & Ulisse:
Mortal, tutto confida e tutto spera,
ché quando il Ciel protegge,
Natura non ha legge.
L'impossibile ancor spesso s'avvera.

Ulisse:
Vanne alla madre, va'.
Porta alla reggia il piè.
Sarò tosto con te,
ma pria canuto il pel ritornerà.

モンテヴェルディのオペラにおける人間と神々との距離感について、法則性のようなものはあるのだろうか。

《ウリッセ 祖国への帰還》においては、ミネルヴァがウリッセと言葉を交わし、直接手助けをする。息子テレーマコを天駆ける車に乗せてイタカへと連れ帰ってきたのも、ミネルヴァだ。《オルフェオ》は、もともとの舞台設定が神々やそれに類するものたちが闊歩《かっぽ》する世界の話であるから、プルトーネ、プロゼルピナ、アポッロといった神々とオルフェオたちが直接交流していても不思議ではない。しかし史実をもとにした《ポッペアの戴冠》では、愛の神であるアモーレが、アモーレを信奉するヒロイン、ポッペアを暗殺者の手から救うなどの働きを見せるものの、けっきょくオペラの最初から最後まで彼女と直接会話をすることはない。だからといって、神と人間の直接の交流がまったくないかというとそうでもなく、ローマ皇帝ネローネに自害を命じられる哲学者セネカに対して、パッラデ（ミネルヴァ）が彼の破滅について予言し、さらにはオリンポのメッセンジャー役でもあるメルクリオが、パッラデの使いとして彼の死を告げにやって来る。《ポッペアの戴冠》で唯一神々との直接交流があるセネカは、メルクリオに「おまえに満ちる至高の美徳が人間を神格化する」といわれており、セネカ自身も「死後は神々の生を生きるのだ」といっている。つまりこの時点でセネカは神の世界に迎え入れられることが約束されている。それは彼の人生において積み重ねてきた「美徳」ゆえだ。そんな人物であるからこそ、神々と直接言葉を交わす設定になっているのではないか。それに対してポッペアはアモーレの力を信じ、頼りにしているが、あくまでもアモーレの気まぐれによってローマ皇后になるという玉の輿物語のヒロインになるということなのか。じっさいのところ、歴史上では第二子懐妊中にネローネに下腹部を蹴られて死んだとも、ネローネに毒殺されたともいわれている。つまりオペラでは愛にしたがい、困難を乗り越え愛を成就したかに見えたが、けっきょくのところアモーレがいつものいたずらとして自分の力を「運命」と「美徳」に対して誇示しただけなのであり、ポッペアが神格化されるような崇高な愛を貫いたというわけではないのだ。

神々が活躍するオペラにおいて、あれほど神に愛されていながら神々との会話がない主人公ポッペアに対して、ウリッセはどうだろう。ホメロスの『オデュッセイア』を眺めていても、「神のような」「神に等しい」という枕詞がウリッセにはつねに添えられている。しかもそれは最高神ジョーヴェのセリフにも登場するものであって、ウリッセは神々と対話するにふさわしい立場にあることがうかがえる。息子テレーマコについても「神のような姿をした」と形容されており、「天の血脈を誇る」というテレーマコのセリフに、オペラ劇中でこの親子二人がミネルヴァと直接交流を持てる理由が示されているのだろう。

お笑いネタは大食いおデブちゃんにおまかせ

イーロ： Iro:

ああ　苦しい　ああ　魂をさいなむ苦痛だ
ああ　悲惨な光景の辛い記憶だ
俺は求婚者たちが死んじまうのを見た　死んだ求婚者を
求婚者たちは殺されちまったんだ
ああ　そうして俺は胃袋と
喉《のど》のお楽しみをなくしたんだ
誰が空きっ腹を助けてくれるんだろう
誰がそれを慰めてくれるんだろう
哀れみの言葉で?
求婚者たちを　イーロ　おまえは失ったんだ
求婚者たちを　おまえの父親たちを
いくらでも流せばいい
辛く悲しい涙を
おまえにメシを食わせ
服を着せてくれた父親のために
おまえはもう見つけられないぞ　ない　ない
デカイ胃袋を喜んで腹いっぱいにしてくれる人なんて

Oh dolor, oh martir che l'alma attrista;
o mesta rimembranza di dolorosa vista.
Io vidi i Proci estinti, estinti i Proci
I Proci furo uccisi.
Ah, ch'io perdei le delizie del ventre
e della gola.
Chi soccorre al digiun,
chi lo consola
con flebile parola?
I Proci, Iro, perdesti
i Proci, i padri tuoi.
Sgorga pur quanto vuoi
lagrime amare e meste,
che Padre è chi ti ciba
e chi ti veste.
Non troverai, no, no,
non troverai chi goda empir del vasto ventre,

飢えた洞穴みたいな胃袋を
おまえはもう見つけられないぞ　ない　ない
食い意地のはった大食らい自慢を
笑ってくれる人なんて
誰が空きっ腹を助けてくれるんだろう
誰がそれを慰めてくれるんだろう？
戦の準備がされて
俺の破滅に向かう不吉な日だ
ちょいと前には勇ましいジジイにやられちまった
いまは空きっ腹にやられているんだ　メシに見放され
空きっ腹は以前　俺の敵だった
だけど俺はそいつを消し去って　勝ちをおさめたんだ
それがいまじゃあとんでもない勝者に見える
俺はもう死んじまいたいよ
腹減りが持って行っちまうなんてイヤだ
俺の勝利や栄光を！
敵から立ち去ることだって

l'affamate caverne,
non troverai, no, no,
chi rida del ghiotto trionfar
della tuo gola.
Chi soccorre il digiun,
chi lo consola?
Infausto giorno
a mie ruine armato:
poco dianzi mi vinse un vecchio ardito;
or m'abbatte la fame, dal cibo abbandonato.
L'ebbi già per nemica,
l'ho distrutta, l'ho vinta;
or troppo fora vederla vincitrice.
Voglio uccider me stesso
e non vo'mai ch'ella porti di me
trionfo e gloria!
Che si toglie al nemico

それはりっぱな勝利だろ
勇敢な俺の心よ
苦しみに勝つんだ！
腹減りっていう敵に負けちまう前に
俺の身体よ
墓を腹いっぱいにしてやるんだ！

è gran vittoria.
Coraggioso mio core
vinci il dolore!
E pria ch'alla fame nemica
egli soccomba, vada il mio corpo
a disfamar la tomba.

《ウリッセ　祖国への帰還》では、興味深いことに「お色気」や「お笑い」がひじょうにわかりやすく描かれ、このオペラがヴェネツィアの民衆に開かれた劇場で上演された商業演劇であることを痛感させられる。ペネロペの侍女であるメラントは、恋人のエウリマコとイチャイチャしたり、《コシ・ファン・トゥッテ》に登場する二人の姉妹に浮気を勧める女中なみにペネロペへ再婚を勧めたりと、俗っぽい色恋を、王妃の苦しみと対照的に明るく歌い上げる。またペネロペの求婚者のひとりであるアンティノオの従者イーロはデブの大食漢として描かれ、老人の姿で宮殿へと戻ってきたウリッセと格闘しさんざんに負かされてしまう。さらにイーロは自分の主人たちがウリッセに射殺されたことで、もう食べ物にありつけないと絶望し自殺してしまう。

メラント：
つらく苦しい
それは愛の
激しい欲望
でもけっきょくは愛しいもの
最初はつらくても愛しいもの
激しい苦痛
喜びに燃える心も炎ゆえ
ゲームをやりとげる者はそれを愛の中で失うことはない

エウリマコ：
美しい私のメラント
私の優美なメラント
おまえの歌は魔力で
おまえのまなざしは魔法だ
美しい私のメラント
おまえの内にある　他の者を縛り付ける罠《わな》

Melanto:
Duri e penosi
son gli amorosi,
fieri desir;
ma alfin son cari,
son cari, se prima amari,
gli aspri martir.
Ché s'arde un cor d'allegrezza è'l foco,
né mai perde in amor chi compie il gioco.

Eurimaco:
Bella, bella Melanto mia
mia graziosa Melanto,
il tuo canto è un incanto,
il tuo volto è magia,
bella, bella Melanto mia,
e tutto laccio in te ciò ch'altri ammaga,

それは絆《きずな》などではない　他の者に傷を負わせるのだ

ciò che laccio non è, fa tutto piaga.

本作品のお笑い担当キャラクターである大食漢のイーロは、老人姿のウリッセと争うが、あっさりと退けられてしまう。

こうしたあからさまなエロや笑いは、オペラが貴族の館で上演されていた時代には見られなかった要素であるが、こののち、たとえば《ポッペアの戴冠》ではタイトル・ロールその人がお色気ムンムンで登場するし、《フィガロの結婚》に登場するケルビーノの原型のような小姓が「君の胸のことばっかりいつも考えているんだよ！」と思春期男子のどうしようもない性欲を語る。年老いた乳母は若者にからかわれムキになり、ポッペアが玉の輿に乗ることをウキウキと喜んだりして観客の笑いを引き出す。モンテヴェルディの弟子にあたるフランチェスコ・カヴァッリの《ラ・カリスト》でも、物語の舞台こそ神話の世界に戻りはしたものの、エロと笑いの要素はこれでもかと現れる。ちなみに一七世紀初頭に流行したマドリガル・コメディなどでは、大食らいの代わりに大酒飲みがイーロに繋がるお笑いを提供していた。しかもアドリアーノ・バンキエーリなどの作品では、ステレオタイプ的にドイツ人の酔っ払いが登場する。このイメージには一五二七年のローマ劫掠《ごうりゃく》のさい、皇帝軍のドイツ傭兵《ようへい》隊が破壊と略奪のかぎりを尽くしたことも影響していると、イタリアの同僚に講釈されたことがある。ラメントで涙を誘い、華やかな舞曲とダンスで心を浮き立たせ、お色気と笑いで演劇的なアクセントを添える。まるで〝ボリウッド〟映画のような、なんでもありのエンタテインメントがこの時代のヴェネツィアで誕生し、育まれたのだ。

ヘンツェによる再構成版《ウリッセ 祖国への帰還》

二〇〇九年のことだが、筆者はドイツの作曲家ハンス・ヴェルナー・ヘンツェによる再構成版《ウリッセ 祖国への帰還》（1981）に「人間の儚さ」役として参加した。当時すでに我が国でも、ピリオド楽器によるヒストリカルな上演があたりまえになっていたため、なぜ時代の流れに逆らってまで、わざわざモダンな編成での上演をおこなわなければならないのか、とヘンツェ版公演に最初は否定的な心情であったが、いざ演奏をしてみると、この「自由な再構成版」のみごとさに舌を巻いた。自由な、といっても原曲の構成や和声にはかなり忠実で、声楽パートには素晴らしい音楽装飾までほどこしている。また使用楽器の編成も多彩で、メラントのアリアにはギターやマンドリン、アコーディオンまで登場し、まるで南イタリアの世俗歌曲を聴いているような心持ちになる。《オルフェオ》でモンテヴェルディ自身が楽器編成の詳細を記したように、参考までにヘンツェが指定した楽器編成を書き出してみよう。

フルート（ピッコロも）×2、G管コントラルト・フルート（セカンドはC管のバス・フルートも）×2、オーボエ×1、オーボエ・ダモーレ×1、イングリッシュ・ホルン（セカンドはヘンケルフォンも）×2、B管クラリネット×2、B管バス・クラリネット（セカンドはB管コントラバス・クラリネットも）×2、ファゴット（フォースはコントラファゴットも）×4、F管ホルン×4、D管ピッコロ・トランペット×2、C管トランペット×2、テナー・トロンボーン×2、バス・トロンボーン×2、ティンパニ、パーカッション（サスペンデッド・シンバル、大太鼓、タンバリン、小太鼓、タムタム、コンガ、クロテイル、ルージョン、金属板、テューブラー・ベルズ、グロッケンシュピール、中国のゴング、ヴィブラフォン、マリンバ、バス・ヴィブラフォン）、アコーディオン（もしくはリード・オルガン、もしくはオルガン）、マンドリン、テナー・バンジョー、クラシック・ギター、エレキ・ギター、ベース・ギター、ハープ、ピアノ、チェレスタ、ヴィオラ・ダモーレ×1、ヴィオラ×7、チェロ×8、コントラバス×6　以上。

こうして楽器リストに目をとおしてみると、ヴィオラ以下の中低音擦弦楽器の編成は充実しているが、通常モダンなオーケストラをリードするヴァイオリンが編成に含まれていない。バロック・オーケストラの通奏低音に相当する楽器群はアコーディオンからバンジョー、エレキ・ギターと幅広い。このエレキ・ギターとエレキ・ベースのサウンドの挿入もなかなかのインパクトであるが、考えてみればクラシックの世界では、ほんらいガット弦だったものがナイロンやスチールになったり、グランド・ピアノでバッハをふつうに演奏するのだから、二〇世紀の編曲でオーケストラに電気的な音の増幅装置をともなう楽器が使われていることも、とうぜんといえばとうぜんであろう。

ネットゥーノ：
この海は冷たく
凍てついていようとも
あなたの慈悲に満ちた熱意を感じている
海藻で覆われた海底でも
暗黒の水底でも
ジョーヴェの神慮はわきまえられている
向こう見ずで厚かましいフェアーチェ人に対して
Nettuno:
So ben quest'onde frigide,
so ben quest'onde gelide,
ma sentono l'ardor di tua pietà.
Nei fondi algosi ed infimi,
nei cupi acquosi termini,
il decreto di Giove anco si sa.
Contro i Feaci arditi e temerari,

私の怒りは爆発したのだ　mio sdegno si sfogò;
とどまったままの船が　pagò il delitto pessimo
最悪の罪の償いをした　la nave che restò.

幸せに生きるがよい　Viva, viva felice pur,
平穏無事に生きるがよい　ウリッセ！　viva Ulisse sicur!

パーカッション群もひじょうに多種多彩でルージョンやクロテイルまで指定されている。ルージョンなどという楽器はそんなに簡単に手にはいるものなのだろうか。エウメーテと老人姿のウリッセがともに歌う場面ではルージョンがサウンドの下部を支え、そのうえでマンドリンが刻みを奏でる。ルージョンはこのあとも、テレーマコとウリッセのドゥエットやペネロペに言い寄る三人の求婚者のアンサンブルにも登場し、予想以上に活躍する。前述のイーロの自死にいたる腹ぺこアリアではファゴットとバンジョーもしくはギター、そしてアコーディオンが通奏低音の中心となり、なんともユーモラスなサウンドを作り出している。

傑作は、海神ネットゥーノが登場する場面で、さまざまな音高のゴングによって前触れが奏でられることだ。初演当時の楽器群にはとうてい含まれていなかったであろうゴングがボワワ

海を治める神ネットゥーノは、フェアーチェ人の傲慢《ごうまん》さに怒り心頭。タイトル・ロールであるウリッセは、ネットゥーノの息子である人喰いひとつ目巨人の目を潰したことから、海神の怒りを買い、以後漂泊することとなる。

ワ〜ンと次々に響くと、まるで海の底から三叉《みつまた》の鉾《ほこ》を手にした巨大な海神が、ゴボゴボと泡を立てて浮上してくるかのようだ。このサウンドの作り込みにはただただ脱帽。ただしゴングは倍音が多すぎるため、ネットゥーノ役のバス歌手がしきりに、音程が取りづらいと嘆いていたのには大笑いしたが。モデスト・ムソルグスキーのピアノ組曲《展覧会の絵》がモーリス・ラヴェルの管弦楽編曲によって多彩で華麗な色彩を手にいれたように、ヘンツェの筆がモンテヴェルディの傑作に三四〇年の時をへて新たな命を吹き込んだのだ。

王の不在時に厚かましくも王妃を口説く求婚者たち。次々と貢物を持ってやって来る。

求婚者たちは、王の不在をよいことに勝手に王宮へ上がり込み、飲み食いをし、王妃をしつこく口説く。

王妃ペネロペは求婚者たちに、王ウリッセの強弓を引くことができた者と結婚すると約束する。喜び勇んで次々と挑戦する求婚者たち。

求婚者たちが誰ひとりできなかった強弓をあっさり引くと、ウリッセはそのまま求婚者たち全員を射殺してしまう。上段にはその光景を見守るミネルヴァ。

《タンクレーディとクロリンダの戦い》から続くバッタリアの表現

ペネロペはイーロを打ち負かした老人を宮殿に迎え入れる。そのさい、ペネロペは求婚者たちに「夫ウリッセの強弓を引くことができた者と結婚する」ことを宣言する。これを聞いた三人の求婚者たち、アンフィノモ、アンティノオ、ピサンドロは皆こぞって挑戦するが、けっきょく誰ひとりとして成功しない。そこへ老人に変身しているウリッセが現れ、難なくこの大弓を引き、そのまま居並ぶ求婚者たちを残らず射殺してしまう。この戦闘シーンというか大虐殺シーンでは擦弦楽器を中心にして、全楽器による戦いの音楽が奏でられる。ベースになっているのはバッタリアとよばれる、ナチュラル・トランペットのファンファーレのような自然倍音を使った勇ましい音楽だ。このシーンではウリッセの歌も同じく自然倍音の配列をもとにしている。

実は、擦弦楽器のポテンシャルを最大限に引き出して戦闘シーンを描き出す試みは、すでに一六三八年出版の《戦いと愛のマドリガーレ集――上演形式による小品を含む　第八巻》に収録されている《タンクレーディとクロリンダの戦い》で大成功をおさめているのだ。これはフェッラーラ・エステ家に仕えた宮廷詩人、トルクアート・タッソの『解放されたイェルサレム』に登場する十字軍の騎士タンクレーディとイスラムの美しき女戦士クロリンダの悲しい愛と信仰の物語を、その二役にナレーションを加えた三つの声楽パートに、芝居を付して黙劇付

《タンクレーディとクロリンダの戦い》（2009年上演）の一場面。3つの声楽パートは、義太夫のように、三味線に見立てたリュートとともに舞台上手で演奏される。タンクレーディとクロリンダの芝居は、日本舞踊によって演じられる。

きカンタータともいえる作品に仕上げたものだ。初演は、一六二四年の謝肉祭に、ヴェネツィアの名門貴族であるジローラモ・モチェニーゴ伯爵邸でおこなわれている。

あるとき、十字軍の陣地のひとつが放火される。タンクレーディは夜の暗闇のなか、放火犯と思われるイスラムの戦士に一騎打ちを挑《いど》む。戦いは拮抗《きっこう》し、なかなか決着がつかない。しかしまもなく夜明けを迎えようとする頃、タンクレーディの剣がイスラム戦士の身体を貫く。死を悟ったイスラムの戦士は、タンクレーディに改宗と洗礼を願う。そこで彼は近くの小川へと水を汲みに行き、洗礼を授けようと、何者かも知らず暗闇で戦っていた敵の兜《かぶと》を脱がせ仰天する。彼の刃を受けて死を迎えようとしているのは、愛するクロリンダであったからだ。彼女は恋人の腕の中で昇天してゆく。

本作品の中でモンテヴェルディは、主にこれまで声楽の旋律を強化したり、声楽を和音伴奏で支えたりするだけの役割でしかなかった器楽に光をあて、器楽演奏そのものがドラマを物語るようにした。弦楽のピッツィカートによる弓鳴りや馬の駆ける音、剣戟《けんげき》の音などの表現などは、その後の劇音楽の作曲に大きな影響をおよぼした。また急速な音の反復によることによって、怒りや感情の急激な盛り上がりなどを表現する「興奮様式（Stile concitato）」とよばれる形式を編み出した。《ウリッセ 祖国への帰還》では、このシーンにジョーヴェの雷鳴が鳴り響き、ミネルヴァが現れる。バロック・オペラの定型的な演出である機械仕掛けの神々の登場と合わせ大スペクタルとなり、劇中に登場するウリッセの強弓が鳴り響くさまが音楽で存分に表されている。まさに《タンクレーディとクロリンダの戦い》で生み出された興奮様式が結実した瞬間であろう。

愛の二重唱と大団円

ウリッセ：	Ulisse:
待ち望んだ私の太陽！	Sospirato mio sole!

ペネロペ：
新しい私の光！

ウリッセ：
平穏と安らぎの港！

ペネロペ＆ウリッセ
こんなにも熱望して　しかも愛しい

ペネロペ：
あなたのおかげで　過去の苦悩を
祝福することを覚えたわ

ウリッセ：
もう苦しみなど
覚えていない

Penelope:
Rinnovata mia luce!

Ulisse:
Porto quieto e riposo!

Penelope & Ulisse:
Bramato sì, ma caro! (caro!)

Penelope:
Per te gli andati affanni
a benedir imparo.

Ulisse:
Non si rammenti
più de' tormenti!

ペネロペ：
そう　命であるひとよ

ウリッセ：
すべてが喜びだ

ペネロペ：
そう　命であるひとよ
胸中から悲しみの感情は
逃げ去ってしまったわ！

ウリッセ：
そう　心であるひとよ

ペネロペ：
すべてが喜びよ！

Penelope:
Sì, sì, vita, sì, sì!

Ulisse:
Tutto è piacere,

Penelope:
Sì, sì, vita, sì, sì!
Fuggan dai petti
dogliosi affetti!

Ulisse:
Sì, sì, core, sì, sì!

Penelope:
Tutto è godere!

ウリッセ＆ペネロペ：
喜びの　愉しみの
その日がやってきた
命であるひとよ
心であるひとよ

Ulisse & Penelope
Del piacer, del goder
venuto è il dì.
Sì, sì, vita!
Sì, sì, core, sì, sì!

ウリッセを助けてきた女神ミネルヴァは最高女神ジュノーネに、彼女の夫である最高神ジョーヴェがウリッセの苦悩を取り除いてくれるよう、取り次ぎを頼む。ジョーヴェはネットゥーノを説得し、ウリッセを許すとの同意を得る。ジョーヴェはさらに、イタカを平和に導くよう、ミネルヴァに命じる。ウリッセの宮殿では、息子テレーマコとエウメーテがペネロペに、老人の正体はウリッセであると告げるが彼女は信じない。ウリッセはもとの姿に戻り彼女の前に現れるが、それも魔法によるものだろうと妻は否定する。乳母であるエリクレアは、ウリッセが沐浴《もくよく》したさいに、凶暴なイノシシによる名誉の傷を目にしているため、ウリッセ本人に間違いないと断言する。親しい乳母の言葉ですら信じないペネロペであったが、ウリッセは、ペネロペの手によるベッド・カヴァーにディアナとその仲間の乙女たちの姿が描かれていることを言い当てる。夫婦しか知りえない閨《ねや》の秘密を彼の口から聞くにおよび、ペネロペはようや

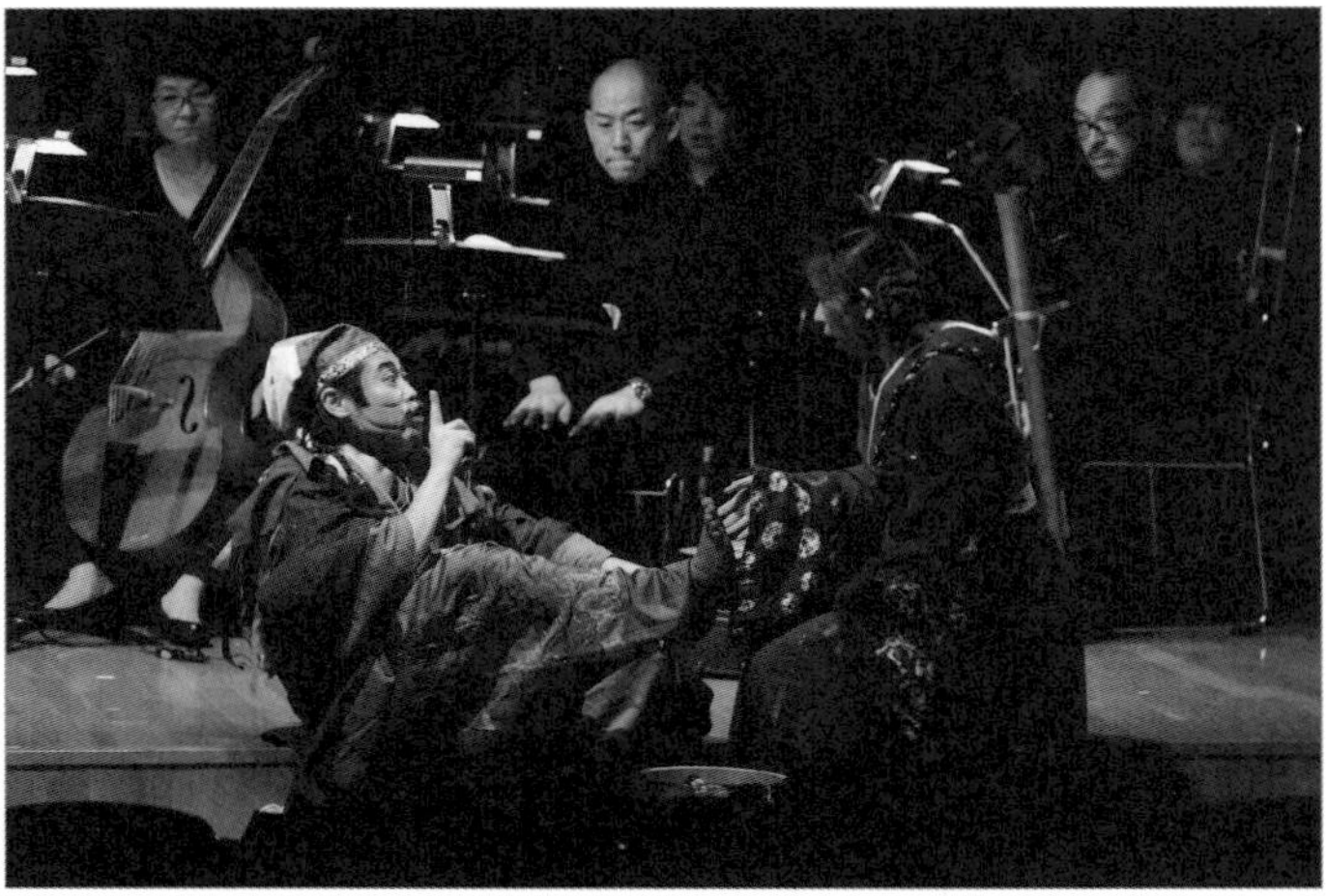

老人姿に変身しているウリッセは、他人に知られぬよう正体を隠しているが、乳母のエリクレアに足の古傷を見られてしまったため、慌てて口止めする。

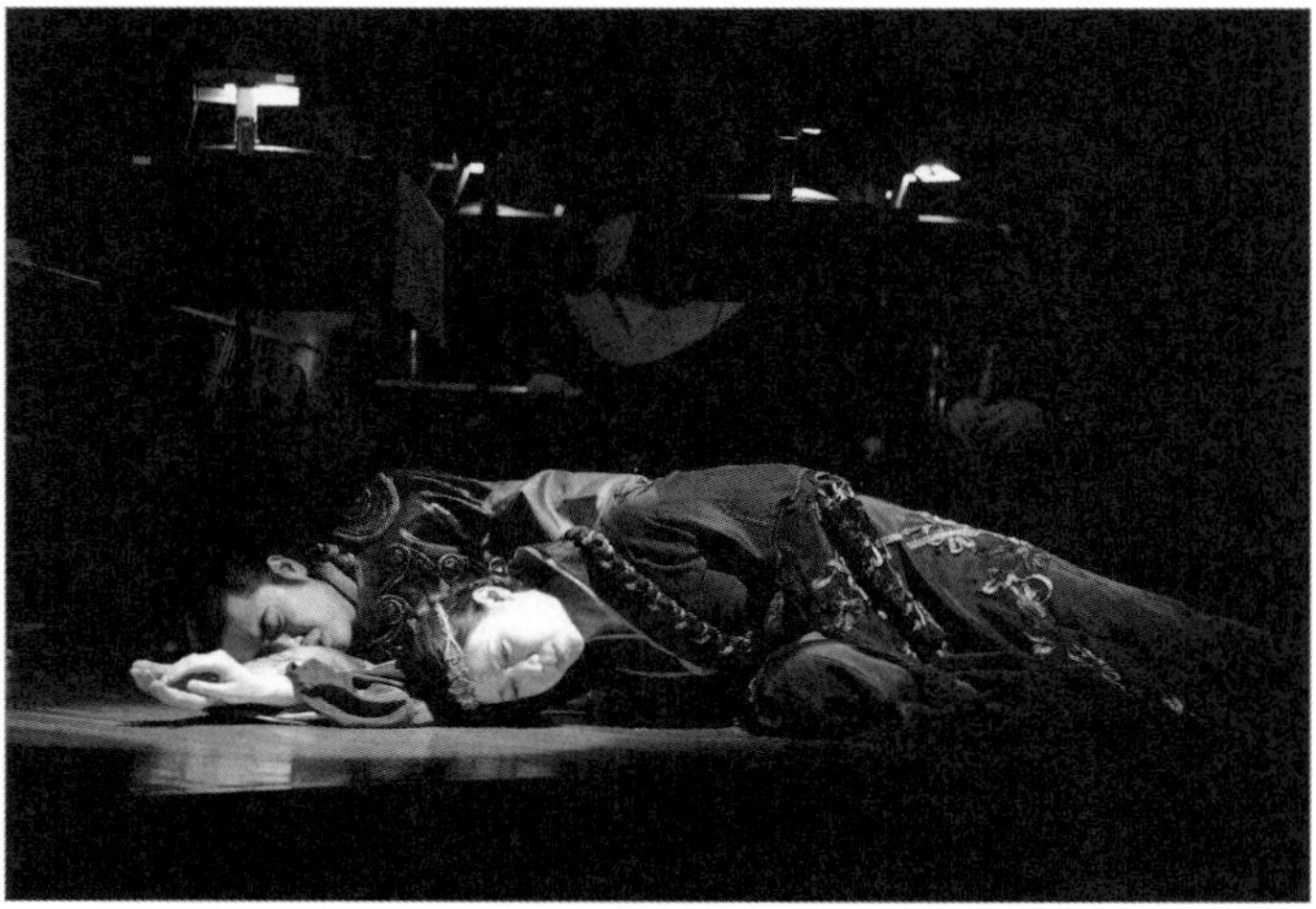

夫婦２人しか知らないはずの話をウリッセの口から聞くにおよび、眼前にいる王が本人であると確信した王妃ペネロペ。愛の二重唱でオペラは大団円を迎える。

く夫その人であると認めるのであった。ペネロペの喜びのアリアは弦楽器の華やかなアンサンブルをともない、やがて通奏低音によるウリッセとの愛の二重唱となる。大団円の二重唱によってオペラの最後を飾る構成は、翌年度のシーズンで初演された、作曲家最後の傑作《ポッペアの戴冠》にも引き継がれることとなる。

ミネルヴァによって老人の姿に変身させられたウリッセが大地に飲み込まれたかと思えば、もとの立派な武将になって息子の前に現れたり、機械仕掛けによってミネルヴァやジョーヴェ、ネットゥーノ、ジュノーネなどのオリンポの神々が登場したり、と演出家の立場からすると、これほど大スペクタルに仕立てやすいオペラはない。さすがはヴェネツィアの民衆に開かれた劇場で上演された商業オペラ。潤沢《じゅんたく》な予算を湯水のように使い、スモークやらレーザーやら宙乗りやら迫《せり》やら本水やら、と現代のあらゆる舞台機構を駆使してこの作品を演出できる日が……いつか来ることを心から願いつつ、いまは地道に舞台を務めようと思う。

ポッペアの戴冠
L'incoronazione
di Poppea 1642 (1643?)

モンテヴェルディの一番人気オペラ

モンテヴェルディの現存する三つのオペラ作品の中でも、群を抜いて上演回数が多いのが《ポッペアの戴冠》である。自筆譜もなければ、ナポリとヴェネツィアで発見された二つの不完全な筆写譜しか存在しないにもかかわらず、だ。ジャン・フランチェスコ・マリピエロ、レイモンド・レッパードといった作曲家や指揮者、チェンバリストなどによって、〝モダンな〟編曲や構成がされたことで、初期バロック作品をふだんレパートリーとしないオペラ歌手、オーケストラも上演しやすかったのだろう。通奏低音のパートも含めて、ピアノ伴奏によるリダクション（簡易版への編曲）がなされたヴォーカル譜があることで、ヴェルディやプッチーニの作品と同じように稽古《けいこ》が進められたのだ。いわゆるモダンなオーケストラのためのリダクションではないが、アメリカ人の指揮者、チェンバリスト、そして音楽学者であるアラン・カーティスの編集版もかなり普及している。

そのアラン・カーティスによれば、従来一六四二年に初演されたといわれている《ポッペアの戴冠》は、一六四三年の作品であるという。台本作家ジョヴァンニ・フランチェスコ・ブゼネッロの作品集が一六五六年にヴェネツィアで出版されたさい、そこには「グリマーノ劇場にて一六四二年に上演された」という一文が記されている。しかし、一六四二〜四三年のシーズンにジョヴァンニ・グリマーニの劇場（サンティ・ジョヴァンニ・エ・パオロ劇場）で《ポッペアの戴冠》が初演されたのと同時に、ヴェネツィアの別業者のもとで出版されたシナリオは一六四三年のものだ。この矛盾についてカーティスは「ヴェネツィアの暦では一月一日の代わりに三月一日に新年が始まるため」にこのような混乱が起きたのだと解説し、じっさいには現代でいうところの一六四三年に初演されたのだと提唱している。イタリア初期バロックを専門とする音楽学者ジョン・ウェナムも、自身の論文において、一六四三年の謝肉祭期間中に上演されたとしている。たしかに一六四二〜四三年度の謝肉祭期間となれば、年が明けてからの主の公現から四旬節の直前までであるから、現代でいうところの一六四三年にはなる。

ちなみに《ポッペアの戴冠》初演劇場の名前が、ここまでに「グリマーノ」「ジョヴァンニ・グリマーニ」「サンティ・ジョヴァンニ・エ・パオロ」と三つ出てきているが、どれも同じ劇場のことである。この劇場は一六三八年にグリマーニ家によって建てられたものだが、当時のヴェネツィアでは、それぞれの劇場のそばにある教会の名前が付けられたため、「聖ジョヴァンニとパオロ（Santi Giovanni e Paolo）」という名になったのである。ジョヴァンニ・グリマーニの名は一六四三年のシナリオ扉ページに登場するが、「グリマーノ」と「グリマーニ」は同じ名前だ。モンテヴェルディも文献や楽譜扉ページの表記によって、「モンテヴェルデ（Monteverde）」「モンテヴェルディ（Monteverdi）」などと異なる綴《つづ》りによって、その名が記されている。日本における「斎藤さん」「斉藤さん」「齋藤さん」みたいな話で、ちょっと面白い。

世界は愛で動いている

運命：
さあ　引っ込んでいなさい　美徳よ
すでに貧しく落ちぶれて
信仰されなくなった神よ
神でありながら神殿もなく
信者も祭壇もない女神
身を持ち崩し　使い古され
憎悪され　歓迎されず
私と比較されつねに品位を貶《おとし》められる
以前は女王だったがいまは卑俗な者
衣食を買うために
特権も称号も売り払ってしまった
おまえのどんな信奉者も
私から離れてしまったら
絵に描いた炎のようなもの

Fortuna:
Deh, nasconditi, o virtù,
già caduta in povertà,
non creduta Deità;
nume, ch'è senza tempio,
Diva senza devoti, e senza altari,
dissipata, disusata,
abborrita, mal gradita,
et in mio paragon sempre avvilita.
Già regina, hor plebea, che per comprarti
gl'alimenti, e le vesti
i privileggi, e i titoli vendesti.
Ogni tuo professore,
se da me sta diviso
sembra, un foco dipinto,

熱くもなければ輝きもしない
光を失い
埋葬されたように冷たくなる
美徳を信じる者はけっして希望など持つな
富やなんらかの栄光を得ようなどとは
運命に守られていないのであれば

che né scalda, né splende;
resta un calor sepolto
in penuria di luce;
chi professa virtù non speri mai
di posseder ricchezze, o gloria alcuna,
se protetto non è dalla fortuna.

美徳：
ええい　消えておしまい　生まれ卑しき者よ
人々の邪悪な幻想
思慮なき者たちに創り上げられた女神
私は真のはしご
それによって人間の本質は至高の善へと昇ってゆくのです
私は北風
それのみが人の知性に教えるのです
オリンポへ向かう航海術を
こういえるでしょう　いっさい世辞などではなく

Virtù:
Deh, sommergiti, mal nata,
rea chimera delle genti,
fatta Dea degl'imprudenti.
Io son la vera scala,
per cui natura al sommo ben ascende.
Io son la Tramontana,
che sola insegno agl'intelletti humani
l'arte del navigar verso l'Olimpo.
Può dirsi senza adulatione alcuna

純粋で清廉《せいれん》な私の存在は
神と見なしうるものであると
あなたについてはそんなことはいえません　運命よ

愛：
何を思い込んでいるのさ　女神さんたち
君たちで全世界を分けられると
支配や統治を
君たち二人よりだんぜん位の高い神である
愛を抜きにして？
僕が徳を教え
僕が運命をしつけるんだ
この幼児の歳の僕は
古き者たちである
時や他のあらゆる神に勝っているんだ
永遠と僕は双子なんだよ
僕を敬い

il puro incorrotibile esser mio
termine convertibile con Dio,
che ciò non si può dir di te, Fortuna.

Amore:
Che vi credete, o Dee,
divider fra di voi del mondo tutto
la signoria, e ’l governo,
escludendone Amore,
Nume, ch’è d’ambi voi tanto maggiore?
Io le virtudi insegno,
io, le fortune domo;
questa bambina età
vince d’antichità
il tempo, e ogn’altro Dio,
gemelli siam l’eternitade, et io.
Riveritemi,

僕を崇めて
君たちの君主という名を僕に与えるんだ

adoratemi,
e di vostro sovrano il nome datemi.

運命&美徳：
人間の心でも　神々の心でもありません
厚かましくも愛と争おうとするなんて

Fortuna & Virtù:
Uman non è, non è Celeste core,
che contender ardisca con Amore.

愛：
今日たった一度の競争で
君たちのひとり　もうひとりも僕に負かされるよ
世界は僕のふるまいで変わってしまう　というだろうね

Amore:
Oggi in un sol certame
l'un, e l'altra di voi da me abbatuta
dirà, che il mondo a cenni miei si muta.

初期バロック・オペラの〝お約束〟にたがわず、《ポッペアの戴冠》にもアレゴリーたちの登場するプロローグがとうぜんのようにある。

まず登場するのは「美徳」と「運命」の女神たち。この二人はその性質の違いから犬猿の仲。顔を合わせたとたんに、お互いさんざん罵り合う。そこへやって来るのは愛の神アモーレ。自分こそがすべての神に勝る全能の存在であり、自分がちょいと行動を起こせば世界が変わってしまうとうそぶき、女神二人も反論しないどころか、全面的に賛同するありさま。アモーレはクピード（キューピッド）ともよばれ、翼の生えた幼児の姿をしており、弓矢を携えている。フィレンツェのウッフィツィ美術館に所蔵されているボッティチェッリの名画『春』を見ると、女神の上空を飛んでいるアモーレの姿が確認できる。目隠しをした裸の神は弓に矢をつがえている。彼の金の矢で射られた者は、人間であれ、神であれ、さらにはアモーレ自身ですら恋に落ちてしまう。反対に、鉛の矢で射られた者は恋を遠ざけようとする。

　この二種類の矢の働きがよくわかる代表的なエピソードを挙げるとすれば、アポッロとダフネの物語だろう。

　オリンポス十二神の中でも弓矢の名手として知られるアポッロは、あるとき、幼児の姿をしたアモーレの持つ、おもちゃのように小さな弓矢のことをさんざん馬鹿にした。そこでアモーレは仕返しに、アポッロに金の矢を射かけ、同時に河の神の娘ダフネに鉛の矢を撃ち込んだ。するとアポッロはダフネに恋い焦がれるものの、ダフネはアポッロを忌《い》み嫌い、彼を避け、逃げてしまう。それでもアポッロはしつこくダフネを追いかけ、あと少しで彼女を捕まえるというところまでせまったが、ダフネが河の神である父に助けを求めると、みるみるうちに彼女は一本の月桂樹へと変身してしまう。かくしてアポッロの想いは永遠にとげられることのないものとなった。ちなみに、このとき以来、月桂樹はアポッロの聖木となり、その木から作った月

《ポッペアの戴冠》序幕。「運命」「美徳」の女神２人が言い争いをしているところへ「愛」が登場し、自分こそが全ての神に勝る存在であり、自分の合図ひとつで世界が変わってしまうのだとうそぶく。

桂冠を戴《いただ》くようになったのである。

アモーレが羽の生えた幼児の姿で描かれるようになったのはローマ神話の影響が大きい。ギリシャ神話とローマ神話は作為的に、そしてかなり強引に同一化されるようになったため、いろいろと矛盾や不都合もたっぷりと生じている。ローマ神話では、クピードは愛と美の女神ヴェーネレの息子、ということになっているが、ギリシャ神話でアモーレに対応する神はエロスであり、この神はもともと混沌《こんとん》であるカオスから、大地の女神ガイアと同時期に生まれ出た原初の神である。

だからこそプローロゴでアモーレは「この幼児の歳の僕は　古き者たちである　時や他のあらゆる神に勝っているんだ　永遠と僕は双子なんだよ」とうそぶくのである。またエロスは、万物を結びつけ、新しいものを生み出す強大なエネルギーだ。それゆえに、オリンポス最高神のジョーヴェですらアモーレの力に抗《あらが》うことができず、次から次へと女性を見初めては関係を持つことになるのだ……などというと、ジョーヴェになんとも都合のよい浮気の言い訳を与えることになるだろうか。

盲目のぼうずとハゲの女？

アルナルタ：
注意して　注意するんだよ　ポッペア
もっとも心地よくて楽しげな草原には
蛇が隠れているものさ
運命の移り変りは不吉なもの
静けさは嵐の前触れだよ

ポッペア：
私は何も恐れないわ　どんな面倒も
私のために愛が戦ってくれるもの　運命も

アルナルタ：
ほんとうにどうかしているよ
盲目のぼうずとハゲの女が
おまえを喜ばせて　守ってくれるなどと信じているなら
ほんとうにどうかしているよ……

Arnalta:
Mira, mira Poppea,
Dove il prato è più ameno e dilettoso,
Stassi il serpente ascoso.
Dei casi le vicende son funeste;
La calma è profezia delle tempeste.

Poppea:
No, non temo, no, di noia alcuna,
Per me guerreggia Amor, e la Fortuna.

Arnalta:
Ben sei pazza, se credi
Che ti possano far contenta e salva
Un garzon cieco ed una donna calva.
Ben sei pazza se credi...

ポッペアの乳母アルナルタは「皇后オッターヴィア様は、おまえと皇帝ネローネ様の関係に気がついているのだから、くれぐれも用心するんだよ」とポッペアを諌めるが、当の本人はアモーレと運命が私のために戦ってくれる、と取り合わない。アルナルタの「もっとも心地よくて楽しげな草原には蛇が隠れているものさ」というセリフは明らかに、オルフェオの妻エウリディーチェが幸せな新婚生活の最中、花の冠を作りに友人たちと草原へ花摘みに行ったところ、草むらに隠れていた毒蛇に咬まれ命を落とした、あのエピソードを踏まえたものだ。そして乳母のいう「盲目のぼうず」こそがアモーレである。先ほどのボッティチェッリ『春』のアモーレをよく見ると、彼が目隠しをしていることがわかる。だからこそ「盲目のぼうず」なのである。愛が盲目であるがゆえに、誰もが金の矢の犠牲者となり得るわけだ。『春』では、盲目のはずのアモーレが三美神のうちの「貞節」を狙っているように見えて興味深い。ちなみに乳母のいう「ハゲの女」はフォルトゥーナ（運命）のこと。幸運の女神には前髪しかないため、それを摑むのは至難の業であるといわれているからだ。

皇后のラメント

オッターヴィア：
蔑《さげす》まれた皇后
ローマ皇帝の悲しみにくれる妻
私は何をして　どこにいて　何を考えているの？
ああ　女の哀れな性《さが》
もし自然と天が
私たちを自由なものとして創っても
結婚が私たちを奴隷として縛り付ける

もし私たちが男子を身籠《みご》もれば
ああ　女の哀れな性
私たちの無慈悲な暴君の手足を形作り
私たちの肉を削《そ》ぎ　血を流させる
残虐な死刑執行人に乳を与える
そして私たちは自身で死を出産するという
不当な運命を強要される

Ottavia:
Disprezzata regina,
Del monarca romano afflitta moglie,
Che fo, ove son, che penso?
O delle donne miserabil sesso:
Se la natura e'l cielo
Libere ci produce,
Il matrimonio c'incatena serve.

Se concepiamo l'uomo,
O delle donne miserabil sesso,
Al nostr'empio tiran formiam le membra,
Allattiamo il carnefice crudele
Che ci scarna e ci svena,
E siam forzate per indegna sorte
A noi medesme partorir la morte.

ネローネ　不信心なネローネ
ネローネ　夫よ　ああ　夫よ
私の嘆きによって
いつも罵られ　呪われているが
どこに　ああ　どこにいるの？

ポッペアの腕の中に
あなたは幸せに楽しんでいる　そのあいだに
私の涙は絶えまなく流れ落ちる
まるで鏡のように映し出す洪水を
形作るほどとなり　あなたは見る
あなたの悦楽《えつらく》の中に私の苦しみを

宿命よ　もし天に在るのなら
ジョーヴェよ　私のいうことを聞きなさい
もしネローネを罰するための
雷を持っていないのであれば

Nerone, empio Nerone,
Nerone, marito, o dio, marito
Bestemmiato pur sempre
E maledetto dai cordogli miei,
Dove, ohimè, dove sei?

In braccio di Poppea,
Tu dimori felice e godi, e intanto
Il frequente cader de' pianti miei
Pur va quasi formando
Un diluvio di specchi, in cui tu miri,
Dentro alle tue delizie i miei martiri.

Destin, se stai lassù,
Giove ascoltami tu,
Se per punir Nerone
Fulmini tu non hai,

おまえを無能ゆえに糾弾《きゅうだん》し
不正ゆえに咎《とが》めよう
ああ　言葉がすぎました　後悔しています
取り消して葬ります
寡黙《かもく》な苦悩の中に私の苦しみを

D'impotenza t'accuso,
D'ingustizia t'incolpo;
Ahi, trapasso tropp'oltre e me ne pento,
Sopprimo e seppelisco
In taciturne angoscie il mio tormento.

現在でも《ポッペアの戴冠》が繰り返し上演される第二の理由、それはあたりまえといえばあたりまえだが、音楽作品としての質が高いからだ。プローロゴの女神の二重唱、一幕開けに、ポッペアが自分の主君ネローネに寝取られたとも知らず、ウキウキと帰還するオットーネの独唱、そのネローネとポッペアの二重唱、《フィガロの結婚》のケルビーノのアリアを彷彿とさせる小姓ヴァッレットが歌う思春期のムズムズとした想い、乳母アルナルタの子守唄、自害を命じられたセネカを説得しようとする友人たちのアンサンブル、流刑となる皇后がローマに別れを告げる大アリア、そしてオペラの最後を飾る世にも美しいバッソ・オスティナートによる二重唱と、どれもこれも名曲揃い。中でも前半の見せ場、聴かせ場は、皇后オッターヴィアの嘆きの歌だ。愛するテゼオに見捨てられたアリアンナが「私を死なせて」と悲痛に叫ぶ〈アリアンナの嘆き〉に流れるラメントのＤＮＡを、しっかりと受け継いだ傑作である。自身の状況と苦しみを嘆く導入部分から、自分を捨てた者へと意識が向かい、嘆きはやがて恨み節となり、狂乱となる。その後冷静を取り戻すとふたたび悲しみの暗闇へと戻ってゆく。ここで面白いのは、恨み節がオリンポスの最高神ジョーヴェに向かうことだ。たいがいの場合、恋する者の嘆き、恨みは愛の神であるアモーレに向かう。「アモーレよ、なぜあの人は私に誓った忠実な心に背いてしまったの？」「おまえが金の矢で射抜かないから彼女は私に冷たいのだ。何をぐずぐずしているんだ」などなど。しかしこのラメントでは、ポッペアとの不倫を続ける夫を罰せよ、と雷を手にし正義の裁きを下す全能の神ジョーヴェに命令して、「それができなければ、おまえの無能を訴えてやる！」と叫ぶ。〈アリアンナの嘆き〉でも狂乱の瞬間、かなり過激なセリフが飛び出していたが、彼女もお姫様であるわけだし、位の高い女性が体裁をかなぐり捨てて暴言を吐く、という状況がまたドラマティックで良いのだろう。それにしてもジョーヴェ自身が幾度でも浮気を繰り返しては、婚姻《こんいん》の女神である妻ジュノーネの怒りを買っているのだから、その最高神に向かって、夫の浮気を罰してくれ、と祈るのも、なかなか皮肉が効いている。

小姓（コショウ）でドラマにスパイスを

ヴァレット（小姓）：
奥様　お許しを
僕はジョーヴェをからかう　ずる賢い哲学者が引き起こす
苛立《いらだ》ちをぶちまけたいのです
この善の観念の飾り屋は
僕の怒りに火を点けるんです
彼が黄金の言葉で他人を惑わしているあいだ
僕は我慢できません
彼の脳のたんなるでっち上げを
奥義《おうぎ》として売っていますが　くだらない繰り言です

奥様　もし彼がくしゃみをしたり　あくびをしても
倫理を教えていると自惚《うぬぼ》れているんです
そしてあんまり懸命になっているから
僕のブーツが笑っちゃうってなもんです
ずる賢い哲学が支配するところでは
いつも教えていることと正反対のことをするんです

Valletto:
Madama, con tua pace,
Io vo’ sfogar la stizza, che mi move
Il filosofo astuto, il gabba Giove.
M’accende pure a sdegno,
Questo miniator di bei concetti.
Non posso star al segno,
Mentre egli incanta altrui con aurei detti.
Queste del suo cervel mere invenzioni,
Le vende per misteri e son canzoni!

Madama, s’ei...sternuta o s’ei sbadiglia...
Presume d’insegnar cose morali,
E tanto l’assotiglia,
Che moverebbe il riso a’ miei stivali.
Scaltra filosofia dov’ella regna,
Sempre al contrario fa di quel ch’insegna.

いつも先生様は
他人の無知を稼ぎのネタにします
そして抜け目ない議論屋は
ジョーヴェを神としてではなく　仲間扱いにします
さらに彼のやり方の決まりごとをこんがらからせて
ついには彼自身も何をいっているのかわからなくなるんです

Fonda sempre il pedante
Su l'ignoranza d'altri il suo guadagno,
E accorto argomentante
Non ha Giove per Dio, ma per compagno,
E le regole sue di modo intrica,
Ch'al fin neanch'egli sa ciò, ch'ei si dica.

大衆に開かれた劇場で上演されることを前提にしたオペラは、それまで王侯貴族の館や祝祭で上演されることを目的としたものと違い、よりエンタテインメント性が強く打ち出されるようになった。《ウリッセ　祖国の帰還》においてもそれはとても明確になっていたが、《ポッペアの戴冠》ではその傾向がよりいっそう強くなっている。個人名ではなく「小姓」という役割がそのまま役名となっているヴァッレットは、少年特有の正義感から政治顧問でもある哲学者セネカに食ってかかる。この場面でモンテヴェルディは彼に、くしゃみやあくびなどを歌唱で表現することを音楽的に要求している。「正反対の（al contrario）」というセリフ部分では旋律と低音が逆行するなど、音楽修辞としても歌詞の内容に沿ったみごとな遊びをちりばめてい

皇后オッターヴィアの小姓ヴァッレットは、後世のオペラでいえば《フィガロの結婚》に登場するケルビーノの原型のような存在だ。「昼も夜も君の白い胸のことを考えている」などと若い娘を口説いたかと思えば、哲学者セネカに突っかかったりもする。

る。さらに一七世紀のイタリアで大流行した舞曲チャッコーナなどをたくみに挿入し、長い独唱の色彩を次々と変化させ、時に聴衆の笑いを誘い、まったく飽きさせない。

「愛している」のか「欲しい」のか

ドゥルジッラ：
それでもいつもポッペアのことばかり
口に上らせ　あれこれ考えて

オットーネ：
心から追い出されたから口に上り
口から風に渡されたのさ
不実にも私の愛情を裏切った
あの女の名前は

ドゥルジッラ：
愛の裁きは
こんな判決を下すのね
あなたが私に同情しないから
他の人が　オットーネ　あなたの苦しみを笑うの

Drusilla:
Pur sempre di Poppea,
O con la lingua, o col pensier discorri.

Ottone:
Discacciato dal cor viene alla lingua,
E dalla lingua è consegnato ai venti
Il nome di colei
Ch'infedele tradì gl'affetti miei.

Drusilla:
Il tribunal d'Amor
Talor giustizia fa:
Di me non hai pietà,
Altri si ride, Otton, del tuo dolor.

オットーネ：
君にあらんかぎりのものを
美しい娘よ
いまこそ遠慮なく贈ろう
他の者から解放され
君だけのものになろう　私のドゥルジッラよ
許しておくれ　ああ　許しておくれ
過去の無礼な私のふるまいを

ドゥルジッラ：
もう忘却が葬り去ったのね
過去の恋愛は？
ほんとう　オットーネ　ほんとうなの
この忠実な心があなたの心とひとつになったのは？

オットーネ：

Ottone:
A te di quanto son,
Bellissima donzella
Or fo libero don;
Ad altri mi ritolgo,
E solo tuo sarò, Drusilla mia.
Perdona, o dio, perdona
Il passato scortese mio costume;

Drusilla:
Già l'oblio seppellì
Gl'andati amori?
È ver, Otton, è ver,
Ch'a questo fido cor il tuo s'unì?

Ottone:

ほんとうだ　ドゥルジッラ　そう　ほんとうだとも

ドゥルジッラ：
あなたが私に嘘をいっているんじゃないかと心配なの

オットーネ：
いや　いや　ドゥルジッラ　違う

ドゥルジッラ：
オットーネ　わからない　わからないわ

オットーネ：
私の真心は君に嘘なんてつけない

ドゥルジッラ：
私を愛している？

È ver, Drusilla, è ver, sì, sì.

Drusilla:
Temo che tu mi dica la bugia.

Ottone:
No, no, Drusilla, no.

Drusilla:
Otton, non so, non so.

Ottone:
Teco non può mentir la fede mia.

Drusilla:
M'ami ?

オットーネ：
君を熱望しているんだ

ドゥルジッラ：
でもこんなあっというまに？

オットーネ：
愛は炎さ　すぐに燃え上がる

ドゥルジッラ：
このようなとつぜんのやさしさを
私の心は幸せに喜んでいます　でもわからないの
私を愛している？

オットーネ：
君を熱望しているさ
君の美しさが私の愛を告げるのだ

Ottone:
Ti bramo.

Drusilla:
E come in un momento?

Ottone:
Amor è foco, e subito s'accende.

Drusilla:
Sì subite dolcezze
Gode lieto il mio cor, ma non l'intende.
M'ami?

Ottone:
Ti bramo.
Ti dican l'amor mio le tue bellezze.

君ゆえに私の心には新たな姿が刻まれた
奇跡を君自身が信じるのだ

Per te nel cor ho nova forma impressa,
I miracoli tuoi credi a te stessa.

ドゥルジッラ：
幸せな気持ちで私は行きます
オットーネ　あなたも幸せに
皇后様へご挨拶に向かいます

Drusilla:
Lieta m'en vado:
Otton, resta felice;
M'indirizzo a riverir l'imperatrice.

オットーネ：
心の嵐をすべて鎮《しず》めてくれた
オットーネはドゥルジッラ以外の他者のものにはならない
だがそれにもかかわらず　不公平な愛よ
ドゥルジッラを口にしながらもポッペアが心にいるのだ

Ottone:
Le tempeste del cor, tutte tranquilla;
D'altri Otton non sarà che di Drusilla;
E pur al mio dispetto, iniquo Amore,
Drusilla ho in bocca, e ho Poppea nel core.

皇帝に妻ポッペアを寝取られ、その彼女にも冷たく突き放されたオットーネであるが、彼に思いを寄せる娘もいた。侍女ドゥルジッラは、自分につれなくした過去についてとつぜん許しを請《こ》うオットーネに戸惑いつつも、やっと彼が振り向いてくれたことに喜ぶ。しかしここでのダイアローグは彼らのすれ違いをよりはっきりと観衆に提示する。「愛している？」と尋ねるドゥルジッラに対して、オットーネは「君を熱望しているんだ」と答える。けっして「君を愛している（T'amo）」とは答えない。オペラ最後のポッペアとネローネの二重唱が「私はあなたのもの」「私はおまえのもの」と同表現で応答するのとひじょうに対照的だ。それでもドゥルジッラはオットーネの愛を信じ、喜び去ってゆく。そしてその場に残されたオットーネは、「ドゥルジッラを口にしながらもポッペアが心にいるのだ」とけっきょくのところ、ポッペア

ポッペアに捨てられたオットーネに想いを寄せるドゥルジッラ。オットーネがポッペア暗殺に向かうさい、自分の衣服を変装のため貸し与える。

に未練タラタラであることを独白する。この「ドゥルジッラを口にしながらも」というセリフには、彼女に口説き文句を投げかけておきながら、という意味以上に、「俺はドゥルジッラを口の中に持っている」という直訳から感じられるセクシャルな意味合い、つまりドゥルジッラの好意に付け込んで、ポッペアに振られた寂しさをせめて肉体的にでも紛らわせようという下心や魂胆が強く感じられる。妻の不倫に苦しむ男が不実な愛に慰めを求める。これもひとつの愛のかたちなのだろうか。

セネカ：
友たちよ　まさに実行する
時がやって来た
わしが大いに讃えていたあの美徳を
死は短い苦悩だ
巡礼の息が胸から出る
長い年月留まっていたところから
まるで巡礼の宿にいた異邦人のように
そしてオリンポへと飛び立つのだ

Seneca :
Amici è giunta l'ora
Di praticare in fatti
Quella virtù, che tanto celebrai.
Breve angoscia è la morte;
Un sospir peregrino esce dal core,
Ov'è stato molt'anni,
Quasi in ospizio, come forastiero,
E se ne vola all'Olimpo,

幸福の真の滞在地へと

親しい仲間たち：
死なないでください　セネカ
私なら死にたくない
いや　私なら死にたくない

この生はあまりにも愛おしい
この空はあまりにも晴れやかだ
どんな苦味も　どんな毒も
けっきょくのところ取るに足らない障《さわ》りでしかない

もし軽い眠気に身を横たえれば
朝には目を覚ます
だが上質の大理石の石棺は
受け入れた者をけっして返しはしない

Della felicità soggiorno vero.

Famigliari:
Non morir, Seneca, no.
Io per me morir non vo'.
No, per me morir non vo'

Questa vita è dolce troppo,
Questo ciel troppo è sereno,
Ogni amaro, ogni veleno
Finalmente è lieve intoppo.

Se mi corco al sonno lieve,
Mi risveglio in sul mattino,
Ma un avel di marmo fino,
Mai non dà quel che riceve.

私なら死にたくない Io per me morir non vo'.
いや　私なら死にたくない No, per me morir non vo'
死なないでください　セネカ！ Non morir, Seneca, no!

皇帝ネローネからマエストロとよばれる哲学者セネカは、「皇后オッターヴィアと離婚し、ポッペアと結婚することにした」とウキウキで報告にやってきたネローネをなんとか説得しようとするが、けっきょく彼を怒らせることになる。さらにはポッペアの甘言に乗せられた皇帝により、自害を命じられることに。その先触れとして女神パッラデがセネカに、天に不吉な予兆があり、もし命が失われるようなことがあればメルクリオが知らせにやってくるだろう、と告げる。

パッラデはギリシャ神話の女神パラスをイタリア語読みしたもので、なぜかパラス・アテネという二人分の名前がセットでひとりの女神を表すことがある。この女神は知恵ひいては戦略、都市の守護、工芸などの神であり、ローマ神話におけるミネルヴァに相当する。ミネルヴァといえば、《ウリッセ　祖国への帰還》に智将ウリッセを助ける女神として登場するが、ここでは知に長《た》けたセネカをサポートする立場である。ここで重要なのは、最高神を動かし、ネットゥーノを説得させ、ウリッセを救ったあのミネルヴァですらセネカを救うことはできないと

ポッペアと結婚することにした、と浮かれるネローネを諌めるセネカ。このことにより、皇帝の不興を買い、のちに自害を命じられることとなる。

いうことだ。まさにプローロゴでアモーレがいっていたように、他の神々が愛の神に勝るなどということはないのである。

音楽的には、セネカの独唱に続く親しい仲間たちのアンサンブルが秀逸だ。セネカの自害を懸命に止めようとする彼らは、手を替え品を替え、生きていることがどれだけ素晴らしいかを説くのだが、リフレインのように現れる「私なら死にたくない。いや、私なら死にたくない。死なないでください、セネカ！（Non morir, non morir, Seneca, no!)」のフレーズは、この世のすべての苦しみを象徴するかのような半音階進行で聴

セネカに「死なないでください」と懇願する従者たちの、半音階進行による重唱は、本作品の中でもいちばんインパクトのある楽曲かもしれない。生の喜びを歌う部分とのコントラストも見事だ。

衆の耳にせまってくる。受難曲にみられるように、苦しみのモティーフとしておなじみのクロマティズムであるが、直接的な歌詞とあいまって、湧き上がってくる旋律の重なりが印象的だ。じっさい、筆者がはじめて《ポッペアの戴冠》全曲をとおして聴いたさい、もっとも印象に残ったのがこのアンサンブルである。しばらくはNon morir, non morir... がぐるぐると頭の中で繰り返し再生された。記憶に残る名曲……であることはたしかなのだろう。

ケルビーノの原型？

ヴァッレット（小姓）：
なんだかわからないけどたしかに感じる
僕を刺激して　喜びを与えるものを
ねえ　君　これがなんだか教えてよ
可愛らしいお嬢ちゃん
君にしたいし　君にいいたい
でも何がしたいのか　わからないんだ

君といっしょにいると心臓がドキドキする
君が行ってしまうとつまらないよ
ミルクみたいに白い君の胸のことを
いつも考えて　憧れているんだ
君にしたいし　君にいいたい
でも何がしたいのか　わからないんだ

Valletto:
Sento un certo non so che,
Che mi pizzica, e diletta,
Dimmi tu che cosa egli è,
Damigella amorosetta.
Ti farei, ti direi,
Ma non so quel ch'io vorrei.

Se sto teco il cor mi batte,
Se tu parti, io sto melenso,
Al tuo sen di vivo latte,
Sempre aspiro e sempre penso.
Ti farei, ti direi,
Ma non so quel ch'io vorrei.

一幕でさんざんセネカに絡んだヴァッレットであるが、ここでは若い娘ダミジェッラ（Damigella）を口説いている。小姓という立場も、若い少年であるということも、モーツァルト作曲《フィガロの結婚》に登場するケルビーノとイメージが重なるが、これはまさに「君にしたいし、君にいいたい。でも何がしたいのか、わからないんだ」などと、ケルビーノのアリア〈自分が何者かもうわからない〉を彷彿とさせるようなセリフではないか。思春期の少年がいつも異性のことを考え続けている、そのモヤモヤをかなりストレートな物言いで表現しているのが面白い。女子の胸について、本人を目の前に「いつも君の胸のことを考えている」とコメントするのは、この年代だから許されるのか、はたまた身分的なものなのか、いや、きっとイケメンだから許されるのかもしれない。しかもその例えが「新鮮なミルク＝鮮やかな白い胸」。いっけん修辞学的な表現のようでいて、実は身も蓋《ふた》もなく、そのままではないか。有節形式で繰り返される歌の旋律は、器楽による小気味良いリトルネッロに導かれ、恋する若者の高揚感をみごとに描き出している。またこれに続くダミジェッラとの二重唱は、終幕のネローネとポッペアの愛の重唱を彷彿とさせる、順次進行のバス旋律にのせて歌い交わされる。

乳母とアモーレに守られて

アルナルタ：
横になり　ポッペア
心を鎮めて　私の愛しい子
あなたは見守られていますからね

快い忘却
甘い気持ちを
あなたの中で　お嬢ちゃん　眠らせなさい

お休みなさい　魅惑のまなざしよ
開けば　さあ　何をするの
閉じていても心を奪うのに？

ポッペア　安らかにお休み
愛しく好ましい瞳よ
眠りなさい　いまは眠りなさい

Arnalta:
Adagiati, Poppea,
Acquietati, anima mia:
Sarai ben custodita.

Oblivion soave
I dolci sentimenti
In te, figlia, addormenti.

Posatevi occhi ladri,
Aperti deh che fate,
Se chiusi anco rubate?

Poppea, rimanti in pace;
Luci care e gradite,
Dormite omai dormite.

アモーレ：
眠っている　不注意な女が眠っている
彼女は知らないんだ
すぐに来るってことを
殺されるときが
こうして人間は暗闇の中に生きている
そして目を閉じれば
悪意から守られ安全であると信じている

ああ愚かでもろい
人間の考え
おまえたちが眠りの忘却に落ち入っているあいだ
神がおまえたちの眠りの番をしているんだ

お眠り　ああ　ポッペア
地上の女神よ
誰かの反逆の武器からおまえを守ろう

Amore:
Dorme, l'incauta dorme,
Ella non sa,
Ch'or or verrà
Il punto micidiale;
Così l'umanità vive all'oscuro
E quando ha chiusi gl'occhi
Crede essersi dal mal posta in sicuro.

O sciocchi, o frali
Sensi mortali
Mentre cadete in sonnacchioso oblio
Sul vostro sonno è vigilante dio.

Dormi, o Poppea,
Terrena dea;
Ti salverà dall'armi altrui rubelle,

太陽も他の星々をも動かすアモールが
もう近づいてきた
おまえの破滅が
だがよそ者による災難がおまえを傷つけることはない
アモールはこんなふうに小さいが全能だからな

Amor che move il sol e l'altre stelle.
Gia s'avvicina
La tua ruina;
Ma non ti nuocerà strano accidente,
Ch'Amor picciolo è sì, ma onnipotente.

ポッペアの乳母アルナルタがドラマの構成上になっている役割は、どちらかというと笑いを提供することにある。しかしこの子守唄は、他の役のどのアリアにも聴き劣りしない名曲に仕上げられている。流れるような旋律は滑らかな順次進行を基本にしており、ポッペアを慈《いつく》しむアルナルタの愛情がそのまま表れているかのようだ。この役の歌手を苦しめる何小節にもわたる持続音は、自然なディミヌエンドとピアニッシモを引き出し、その下に流れるバス旋律は、半音の関係にあるたった二音から、ニンナ・ナンナ（子守唄）のバッソ・オスティナートを形作る。このバッソ・オスティナートのたくみな使い方こそが、モンテヴェルディの先進性と作曲技法の進歩を表すものにほかならないと思う。

つまり、たとえばタルクイニオ・メールラの傑作《さあ　お眠りなさい（Hor ch'è tempo

di dormire)》は、この二音から成るテーマをほぼ一曲まるまる繰り返す。同じバス、同じ和声進行を、しかもたった二音を一〇〇回以上、演奏時間でいうと約八分以上繰り返すと、明らかにトランス状態を誘う一種異様な昂揚《こうよう》感が生まれてくるが、同時に聴衆を飽きさせずにその繰り返しを聴かせるためには、作曲家の力量も演奏者の技量も問われる。メールラは、幼子イエスの受難を予見した聖母マリアがだんだんと「狂乱」してくるさまを、「さあ　良い子ね　私の心である子よ　ネンネしなさい」というリフレインを挿入することでたくみに描き出している。

しかしモンテヴェルディは、ヴァッレットがセネカを馬鹿にする場面でチャッコーナを一部挿入したように、アルナルタの子守唄もニンナ・ナンナのバッソ・オスティナートのみで作曲するのではなく、聴衆の耳が通奏低音に向く瞬間、声楽パートが音を伸ばしているあいだに半音のテーマを挿入することで、自由度の高い作品に

作品全体のバランスでいうと、笑いを提供するキャラクターに分類されるポッペアの乳母アルナルタ。しかしながら流麗な旋律の子守唄がアリアとして与えられている。

仕上げている。派手さはないが、楽曲の持つ音楽的魅力ゆえか、この曲を重要なレパートリーとしてコンサートなどでも取り上げる、アルト、カウンターテナー歌手も少なくない。

オットーネが皇后オッターヴィアからポッペア暗殺の命を受けたことなど知る由《よし》もないポッペアは、アルナルタの子守唄とともに、庭で心地良い眠りにつく。そこへ登場したアモーレは、ポッペアが不用心にも眠りこけるさまを見て、死すべき運命にある者たち、すなわち人間の愚かさを揶揄《やゆ》する。目を閉じて外界の情報を遮断《しやだん》してしまえば、自分は安全であると錯覚《さつかく》するという皮肉は、現代人にも耳が痛い言葉ではないか。「太陽も他の星々をも動かす」「全能である」などというセリフは、たとえばフランチェスコ・カヴァッリ《ラ・カリスト》では最高神ジョーヴェが口にする言葉である。それを堂々とアモーレが発言してしまうところが面白い。

ポッペア暗殺にやってきたオットーネはドゥルジッラの衣装によって変装している。これについてはポッペアが眠りにつく直前に「ドゥルジッラや他の親しい者以外は庭に入れないでね」とわかりやすく伏線を張ってくれている。ポッペア暗殺の命令を受けたオットーネがわざわざドゥルジッラの服を借りることにした理由は、彼ら二人のダイアローグだけではわかりにくいところがあるのだが、こうしてポッペアがドゥルジッラをアルナルタ同様に信頼していることがわかれば納得がゆくというものだ。

さていよいよオットーネの剣がポッペアに振り下ろされようとしたそのとき、アモーレの介入によって暗殺は未遂に終わる。このときアモーレは「おまえに雷を落としてやらねばならな

皇后オッターヴィアからポッペア暗殺の命令を受け、オットーネはポッペアの家に忍び込み、無防備に眠りにつくポッペアを見つけてしまう。

オットーネがポッペアをまさに殺害しようとした瞬間、アモーレが介入する。その結果、暗殺は未遂となり、アルナルタたちに見つかったオットーネはそのまま逃走する。

いところだが、神の手にかかって死ぬには値しない」とまたもやジョーヴェの御株を奪うような発言をする。オリンポ最高神ジョーヴェの武器は雷であり、古き神々である巨神族との戦いでも存分にその威力を発揮したが、悪に正義の鉄槌《てっつい》を下すさいにも振るわれる。ここでもう一度おさらいをすると、アモーレの武器は弓矢である。彼の金の矢に射られれば人は恋に落ち、鉛の矢に射られると恋を避けるようになる。ここで前述のセリフに続いてアモーレは「この鋭い矢から逃げ去るがいい！　死刑執行人の職務を奪うつもりはないからね」という。これは矢がほんらい人の命を奪う武器であることを踏まえてのことだ。オットーネがポッペアの殺害をためらい、けっきょく未遂となったのは、元恋人（史実は元妻）への愛情、未練を断ち切れなかったからである。その場にいたアモーレが、オットーネの胸中にポッペアへの愛をふたたび呼び醒《さ》ましたからにほかならないのであれば、オットーネの胸に以前刺さった金の矢がふたたび効力を強く発揮したと考えるのが自然だろう。逃れようとしても逃れられないアモーレの矢は、愛の苦しみという死よりも辛い罰を与えるのだ。

お笑い担当の存在

アルナルタ：　Arnalta:

今日ポッペアが
ローマ皇后になるの
私は乳母だから
私も高貴な人々の階段を上ってゆくの
いや　いやよ　庶民に成り下がるなんて
私に「おまえ」といっていた人も
いまは改まった調子で
「令夫人」なんて私にさえずるのよ
道で会うと人は
「若々しい奥方様　いっそうお美しい」と私にいうの
そして私は　ええ　わかっているわ
自分が古い伝説のシビッレみたいだって
だけど皆が私に媚《こ》びへつらうの
私に気に入られると信じて
ポッペアからの恩恵を請うために
それで私はおべっかだとわからないふりをして
嘘の盃《さかずき》に入った賛辞を飲むの

Oggi sarà Poppea
Di Roma imperatrice;
Io, che son la nutrice,
Ascenderò delle grandezze i gradi:
No, no, col volgo io non m'abbasso più;
Chi mi diede del tu,
Or con nova armonia
Gorgheggierammi il “Vostra Signoria”
Chi m'incontra per strada
Mi dice: “fresca donna e bella ancora”,
Ed io, pur so che sembro
Delle Sibille il leggendario antico;
Ma ogn'un così m'adula,
Credendo guadagnarmi
Per interceder grazie da Poppea:
Ed io fingendo non capir le frodi,
In coppa di bugia bevo le lodi.

私は下女として生まれて貴婦人として死ぬの
不本意ながら死んでゆくのよ
もしいつか生まれ変わったら
貴婦人に生まれて　下女として死にたいわ
高貴な位を手放した者は
泣きながら死んでゆく
でも下女をしている者は
もっと幸せな運命なの
貧乏の終わりとして死を愛せるもの

Io nacqui serva, e morirò matrona.
Mal volentier morrò;
Se rinascessi un dì,
Vorrei nascer matrona, e morir serva.
Chi lascia le grandezze
Piangendo a morte va;
Ma chi servendo sta,
Con più felice sorte,
Come fin degli stenti ama la morte.

前述のように、大衆に開かれた劇場で上演されるようになったオペラは、寓意あり、お色気あり、お笑いのエンタテインメントとして進化をとげた。なかでも初期バロック声楽作品において、お笑いを担当したのは主に老人や酔っ払い役であったが、《ポッペアの戴冠》では小姓や皇后の乳母（これは老人枠に含まれるかも）、そしてポッペアの乳母アルナルタがその役目を負っている。

ポッペアがとうとう皇后になり、自分も皇后の乳母として宮廷人の仲間入りすることをウキウキと語るのがこのシーンである。タイトル・ロールであるポッペアや同列にいるネローネには、同じくタイトル・ロールであったオルフェオに与えられたようなアポッロ讃歌も、三途の川の渡し守を説き伏せようとする必死の思いを余すところなく表した、超絶技巧による長大な歌もない。ところが、恋人を寝取られた武将や、愛人のもとへ通う夫に見捨てられた皇后、若い娘をナンパする小姓、さらにはポッペアの乳母には、素敵なアリアや独白の場がもうけられている。

前出の子守唄は滑らかに揺れる旋律が印象的であったが、こちらは「ローマの　ローマの皇后（Di roma, di Roma imperatrice）」という部分に登場する、同音価による3：3：2のリズムがまるでラテンの舞曲のような躍動感を感じさせる。歌い出しも言葉のアクセントと音楽的なアクセントが絶妙に交差し、ポリリズムのような効果を生みだす。「私も高貴な人々の階段を上ってゆくの」では、音がそのまま階段を上がるように上行するが、このあたりの音楽的お約束は、ヴァッレットがセネカに怒りをぶつけるシーンで、あくびやらくしゃみやらを「歌って」いた部分にもつうじるものがある。宮廷人の仲間入りを想像して喜ぶさまは、やがて教訓や処世訓とも人生訓とも思えるセリフになり、関西の漫才師がウマいことをいってオチをつけるように「死を愛せるもの（ama la morte）」と曲を閉じる。

当時のヴェネツィアで使用されていた基準音がA＝466と、現代の基準音より半音ほど高かったとしても、アルナルタ役の声域はなんだか中途半端に低い。それゆえ現代の上演では、女装したテノールやカウンターテナーがこの役を受け持つことも多く、半ばヤケクソか、はたまた変身を心から楽しんでのことか、すさまじい怪演を目にすることもある。もともとコミカルな役として設定されているため、ポッペアのお気楽ぶりに「ほんとうにバカだよ！（Ben sei pazza, ben sei pazza...）」と腹を立てながら退場するさまや、ドゥルジッラの服で変装したオットーネを発見して、半ばパニックになりながら召使いや侍女たちに助けを求め、「ドゥルジッラを追いなさい！」と叫びまくるシーンなども、女装との相乗効果で腹の皮がよじれるほど可笑しい。初演時はアルナルタも皇后の乳母も年配のアルト歌手によって歌われたようであるが、女性であれば現代のポップス歌手のような発声だとちょうど良い声域に思える。思い切って歌の得意な女優をキャスティングしてみてはどうだろうか。次に上演機会があれば試してみる価値はありそうだ。

さらばローマといおう

オッターヴィア：
さらばローマ　さらば祖国　友よさらば
潔白でありながらおまえたちと別れねばならない

Ottavia:
Addio Roma, addio patria, amici addio.
Innocente da voi partir convengo.

私は悲痛な涙にくれ流刑に苦しむこととなる
絶望し　聞く耳を持たない海を漂うのです
その後　風が
私のため息を受け取って
それを運んでゆくでしょう　私の心の名前のために
祖国の城壁を見て　口づけしに
そして私はただひとり
涙と歩みを繰り返す
哀れみを切り株や石に説きながら
舟を漕《こ》ぎだすのです　いまこそ　邪悪な者たちよ
愛する岸からいまや離れて行くのです
ああ　冒瀆《ぼうとく》の悲しみよ
おまえが私の涙を禁じるのだ
祖国を去って行くあいだ
一粒の涙を流すこともできないのだ
親族やローマに「さらば」と告げるあいだも

Vado a patir l’esilio in pianti amari,
Navigo disperata i sordi mari.
L’aria, che d’ora in ora
Riceverà i miei fiati,
Li porterà per nome del cor mio,
A veder, a baciar le patrie mura,
Ed io, starò solinga,
Alternando le mosse ai pianti, ai passi,
Insegnando pietade ai tronchi, e ai sassi.
Remigate oggi mai perversa genti,
Allontanatevi omai dagli amati lidi.
Ahi, sacrilego duolo,
Tu m’interdici il pianto
Mentre lascio la patria,
Né stillar una lacrima poss’io
Mentre dico ai parenti e a Roma: addio

オットーネは、自分をかばうドゥルジッラを救うため、皇后オッターヴィアの命令によってポッペア暗殺を遂行しようとしたことを自白する。そのためローマ帝国皇后は離縁されたうえで流刑となる。〈さらばローマ（Addio Roma）〉は流刑にさいしオッターヴィアが歌うラメントだ。つまり嘆きの歌で観客の前に姿を現した皇后は、ふたたび嘆きの歌を歌って舞台を去る。しかも最後の歌詞は「さらば（Addio）」である。愛する祖国と親しい人々に別れを告げるまもなく岸を離れる彼女が最後に口にする別れの挨拶が、役として舞台から消える者の挨拶そのものになっているところが、なんともニクい構成ではないか。

筆者はつねづね、オペラのほんとうの演出家は作曲家だと考えている。なんといっても、台本を音楽によって劇化しているのは作曲家だからだ。あるセリフがどのような感情で、どのようなスピードで、どのような間合いで、どのようなイントネーションで、どのような感情を込めていわれるべきなのかは、すでに音によって示されているではないか。そのうえ、ドラマや映画のサウンド・トラックとなるべき音楽が、劇の始まりから終わりまでつねに流れているわけだ。ワーグナー作品のように、ト書きまでも譜面に詳細が書き記されているオペラに比べると、モンテヴェルディのオペラを芝居として構築するには情報があまりにも少ないように思われるが、じっさいには、音楽が世界観や演出の方向性までを雄弁に語っているのではなかろうか。

オットーネがすべての経緯を白状したため、ポッペア暗殺は皇后オッターヴィアの命令であることも判明した。ほんらい、死罪を言い渡すところであったが、オットーネをかばうドゥルジッラの姿に感心したネローネは両人を国外追放とする。

ポッペア暗殺を企てた罪で流刑となる皇后オッターヴィア。「さらばローマ」と歌う嘆きのアリアは、緩急のコントラストもみごとな楽曲だ。

それにしても、「アッディーオ（Addio）」という言葉の最初のシラブルAを「ア……ア……」と発しては詰まり、また絞《しぼ》り出すように繰り返すという手法で、感動詞のような嘆きのため息を表現し、それが「さらば」を意味する名詞へと変化するとは——。作曲の妙技にただただ脱帽するばかりだ。皇后の深い悲しみはやがて、長調への転調とともに「風が　私のため息を受け取って　それを運んでゆくでしょう」という希望的妄想へと繋がってゆく。そこからふたたび短調へ変化すると自身の哀れな身の上に思いがおよび、いったん旋律の動きが止まるように見えるが、続いて「舟を漕ぎだすのです　いまこそ　邪悪な者たちよ」と感情が爆発し、音楽はいっきにクライマックスへと向かう。ほとばしる感情の表出はローマの名を叫ぶ最終行までいっきに駆け抜け、不意に止まる。わずかな時間であるにもかかわらず永遠にも感じられるブレイクののち、冒頭の「さらば」をふたたびオッターヴィアがつぶやくと、まるでオペラそのものの幕切れのように曲は終わる。

キング・オブ・ドゥエット

ポッペア&ネローネ：	Poppea & Nerone:
ずっとあなたを見つめ	Pur ti miro,
ずっとあなたに満足し	Pur ti godo,

ずっとあなたを抱きしめ
ずっとあなたと結ばれ
もう苦しまず
もう死ぬこともない
私の命　私の宝よ
私はあなたのもの
私はおまえのもの
私の希望よ　そういっておくれ
あなたはいつも私の希望
私の偶像よ　そういっておくれ
あなたはずっと
たしかに私の愛しいひと
たしかに私の心　私の命
ずっとあなたを見つめ
ずっとあなたに満足し
ずっとあなたを抱きしめ
ずっとあなたと結ばれ

Pur ti stringo,
Pur t'annodo,
Più non peno,
Più non moro,
O mia vita, o mio tesoro.
Io son tua...
Tuo son io...
Speme mia, dillo, dì,
Tu sei pur, speme mia
L'idol mio, dillo, dì,
Tu sei pur,
Sì, mio ben,
Sì, mio cor, mia vita, sì.
Pur ti miro,
Pur ti godo,
Pur ti stringo,
Pur t'annodo,

もう苦しまず
もう死ぬこともない
私の命　私の宝よ
Più non peno,
Più non moro,
O mia vita, o mi tesoro.

古今東西、あらゆるオペラの中でいちばん好きな重唱は何かと問われたら、迷わずこのドゥエットを挙げるだろう。《ポッペアの戴冠》終幕最後の曲、つまりオペラ最終曲である。優雅な三拍子の流れとパッサカリアの長調ヴァージョンともいえる順次進行のバス旋律にのせ、互いによびかけ合い、絡み合うさまがなんとも官能的だ。互いの歌い交わしはやがて一方が先導するかたちでの重なりとなるが、オーガズムの暗示でもある「死ぬ（moro）」と「苦しむ（peno）」という歌詞が重なり合う瞬間だけ半音で摩擦を生じ、やがて長3度へと開き調和を生み出す。あたかも男女の睦《むつ》み合いを描き出しているような、この緊張とリラックスの関係が聴衆に快感の波を与えてゆく。重なり合う旋律はバス旋律の変化とともにふたたび掛け合いとなるが、先ほどのよびかけよりもより短い音価で切迫してゆく。歌詞の Si, si, si… は絶頂へと昇ってゆく喘ぎそのものだ。二声の掛け合いは、やがて平行に動く美しい3度の重なりとなり、ドミナントからトニックにいたり短い死を迎える。絶頂に達した二声はふたたびパッサカリアに乗ってゆらりと動き出す。旋律はダ・カーポされ、感情の高まりは音楽装飾となって表れる。

オペラ幕切れの二重唱は、本作品の代名詞ともいえる名曲であるが、近年の研究ではモンテヴェルディ本人の筆によるものではないとされている。

そして「私の命　私の宝よ」の言葉がゆっくりと緞帳《どんちょう》を下ろしてゆく。

ネローネはほんらいソプラノ・カストラートを想定して書かれているため、ソプラノのポッペアとの二重唱は同じ声域で演奏される。ヴィジュアルのわかりやすさからテノールがネローネ役を歌うことも多々あったが、近年ではこの音域を歌えるカウンターテナーも増えてきたようだ。ちなみに筆者もこのオペラでの持ち役はネローネである。《ポッペアの戴冠》には、ネローネの他に二人のソプラノ・カストラートが参加していた可能性がある。しかも役を兼任するかたちでそれぞれがアモーレ＋ヴァッレット、女性役であるパッラデ＋ダミジェッラ＋ヴェーネレを歌っていたようだ。オットーネも男性役であるので、こちらはコントラルト・カストラートが演じた。

さてこの世にも美しい二重唱であるが、実はモンテヴェルディ自身の筆によるものではない、というのが最近の通説だ。それではいったい誰が作曲者であるのかというと、これはいまだに議論がなされているのである。「ずっとあなたを見つめ　ずっとあなたに満足し（Pur ti miro, pur ti godo）」の歌詞は、ブゼネッロの台本および印刷シナリオにもない。しかしモンテヴェルディの弟子筋にあたるベネデット・フェッラーリが作曲した《王の羊飼い》、同じく弟子にあたるフィリベルト・ラウレンツィのオペラ《苦労の勝利》には上記の歌詞が用いられているため、彼らが幕切れの二重唱の制作に協力した可能性はある。《ポッペアの戴冠》初演が一六四三年であると提唱しているアラン・カーティスは、音楽の特徴から、同じくモンテヴェルディの弟子であるフランチェスコ・サクラーティが作曲者である可能性について言及している。ということで、諸説あるわけだが、演奏者あるいは聴衆の立場からすると、その音楽が美しく感動的であることが大事なのであって、じっさいの作曲者が誰であろうとかまわないというのが本音である。弟子の誰かが作ったのだとしても、この二重唱の価値がそこなわれるわけではないのだから。身も蓋もないまとめですみません。

《ポッペアの戴冠》は不道徳なオペラ?

最後にこのオペラの〝不道徳〟な筋書きについての議論がなされていることについて。

じっさい、ドイツ後期バロック音楽のピリオド楽器による演奏を主とするグループの音楽監督が「《ポッペアの戴冠》は不道徳なので私は嫌いだ」と発言したのを耳にしたことがある。そのとき筆者はまだ音楽大学を卒業したばかり、さらには古楽業界に参加したばかりであったため、専門的な知識もとぼしく気の利いたコメントもできなかったが、大好きな歌舞伎における色悪（二枚目の悪役）なども脳裏に浮かび、なんか違うんだよなぁ、と感じたことをいまだに覚えている。

そして自分自身がソリストとして、このモンテヴェルディの傑作に挑まねばならなくなったとき、当時師事していたソプラノの師に「なぜ《ポッペアの戴冠》は、不倫の末の玉の輿物語で、そのために政治顧問は自害させられ、皇后は流刑となり、タイトル・ロールの元恋人の武将はポッペア暗殺未遂の罪で自分に恋する娘といっしょに追放される、といった不道徳きわまりない内容にもかかわらず、素晴らしい作品として上演され続けるのでしょう?」と尋ねたことがある。

イタリアのプリマはニコッと笑うとこういった。「タダシ、愛はね、障害が大きければ大きいほど燃えるものなの」。……これほど完璧な答えがあるだろうか。劇作法の観点からいえば、韓流ドラマのように、いきなり主人公が盲目となったり、信頼していた友人に裏切られたり、と障害が大きければ大きいほど、ハッピーエンドが光り輝くものなのだ。ましてや、不倫のカップルとはいえ、ネローネとポッペアは二人の愛を貫いたのである。まさにプローロゴでアモーレが宣言したとおり、世界は愛の動きひとつで変わってしまうのだ。これが大団円でなくてなんだというのだろう。《ポッペアの戴冠》は、次から次へとやってくる大きな障害を乗り越えた末に成就された愛の物語なのである。これこそが時代や国、文化の壁を乗り越えて、この作品が傑作とよばれる理由なのだ。

あとがき

二〇一七年は、後期ルネサンスから初期バロックという、音楽史の大転換期を生きた天才クラウディオ・モンテヴェルディの生誕四五〇周年であった。そのため我が国においてもあちらこちらで彼の作品が上演されたが、モンテヴェルディ作品、ひいては初期バロック作品を愛する身としては、ふだんからこれらのレパートリーがもっともっと取り上げられるべきではないか、と強く思っている。

本書は、「はじめに」でも述べたように、筆者自身の演奏および演出経験をもとに、感じたこと、思ったことを気の向くまま記したものである。それゆえ学術的な資料としてというより、ひとりの舞台人がどのようにモンテヴェルディと向き合ってきたか、というエッセイとしてお楽しみいただければ幸いである。

筆者はとにかく筆が遅いため、関係各位にはたいへんなご迷惑をかけた。どうも歌うときの頭の使い方と、文章を書いているときの頭の使い方にはかなりの違いがある気がする。

日本でのモンテヴェルディ作品演奏の機会をくださった濱田芳通氏とアントネッロの皆様、オペラ・フレスカの公演写真を快くご提供くださった撮影者の皆様、舞台写真をご提供くださった横須賀芸術劇場ならびに神奈川県立音楽堂の皆様、担当編集者としてさまざまな労を執ってくださった鳥谷健一氏、出版元であるアルテスパブリッシングの木村元氏、イタリア語のチェックをしてくださった本谷麻子氏、カバーデザインや本文レイアウトを担当してくださったデザイナーの中島浩氏ほか、ご助力くださったすべての方たちに心から感謝申し上げたい。ありがとうございました。

二〇一八年六月

彌勒忠史

参考文献

ロジェ・テラール『モンテヴェルディ』 田辺保訳 音楽之友社 一九七六
デニス・アーノルド『モンテヴェルディ』 後藤暢子・戸口幸策訳 みすず書房 一九八三
ニコラウス・アーノンクール『音楽は対話である――モンテヴェルディ、バッハ、モーツァルトを巡る考察』 那須田務・本多優之訳 アカデミア・ミュージック 一九九二
ヴルフ・コーノルト『モンテヴェルディ』 津上智実訳 音楽之友社 一九九八

＊

フリードリヒ・ブルーメ『ルネサンスとバロックの音楽』 和田旦・佐藤巖訳 白水社 一九七一
カール・パリシュ『初期音楽の宝庫中世・ルネサンス、バロック時代の音楽』 日下昭夫他訳 音楽之友社 一九七四
清水廣一郎編訳『ロレンツォ・デ・メディチ――ルネサンスの擁護者』「世界を創った人びと」 堀米庸三・
木村尚三郎監修 平凡社 一九七九
今谷和徳『中世・ルネサンスの社会と音楽』 音楽之友社 一九八三
美山良夫『街の歌城の響き――ルネサンス音楽のフォークロア』 音楽之友社 一九八五
ヴァルター・ザルメン『一六世紀の音楽生活』「人間と音楽の歴史」 ハインリヒ・ベッセラー、マックス・
シュナイダー監修 ヴェルナー・バッハマン編集 音楽之友社 一九八六
エドマンド・A・ボールズ『一五世紀の音楽生活』「人間と音楽の歴史」 ハインリヒ・ベッセラー、マック
ス・シュナイダー監修 ヴェルナー・バッハマン編集 音楽之友社 一九八六

今谷和徳『バロックの社会と音楽（上）イタリア・フランス編』音楽之友社　一九八六
マッシモ・フェリサッティ『イザベッラ・デステ――ルネサンスのプリマドンナ』千種堅訳　河出書房新社　一九八七
岸本宏子『ルネサンスの歌物語』音楽之友社　一九八九
今谷和徳『ルネサンスの音楽家たち（上・下）』東京書籍　一九九三・一九九六
山西龍郎『オルフェオ――クレモナ、マントヴァ、そしてオペラの生誕』ありな書房　二〇〇一
石多正男『交響曲の生涯』東京書籍　二〇〇六
井形ちづる・吉村恒『宗教音楽対訳集成』国書刊行会　二〇〇七
『イタリアのオペラと歌曲を知る一二章』嶺貞子監修・森田学編　東京堂出版　二〇〇九
皆川達夫『キリシタン音楽入門――洋楽渡来考への手引き』日本キリスト教団出版局　二〇一七

＊

ソポクレス『オイディプス王』藤沢令夫訳　岩波書店　一九六七
オウィディウス『変身物語（上）』中村善也訳　岩波書店　一九八一
ヘシオドス『神統記』廣川洋一訳　岩波書店　一九八四
阿刀田高『ギリシア神話を知っていますか』新潮社　一九八四
ホメロス『イリアス（上・下）』松平千秋訳　岩波書店　一九九二
里中満智子『マンガ　ギリシア神話（一－八）』中央公論新社　二〇〇三－二〇〇四
トマス・ブルフィンチ『ギリシャ・ローマ神話（上・下）』大久保博訳　角川書店　二〇〇四
吉田敦彦『面白いほどよくわかるギリシャ神話』日本文芸社　二〇〇五

井出洋一郎『ギリシア神話の名画はなぜこんなに面白いのか』 中経出版 二〇一〇
吉田敦彦『一冊でまるごとわかるギリシャ神話』 大和書房 二〇一三
吉田敦彦『名画で読み解く「ギリシャ神話」』 世界文化社 二〇一三

*

Thoinot Arbeau *Orchesographie* Lengres : Jehan des preyz,1589

Fabritio Caroso *Il Ballarino* Venezia : Francesco Ziletti,1581

Fabritio Caroso *Nobiltà di Dame* Venezia : il Muschio,1600

Cesare Negri *Nuove inventioni di balli* Milano : Girolamo Bordone,1604

Angelo Solerti *Musica, ballo, e drammatica alla corte Medicea dal 1600 al 1637.* Bologna : A.Forni,1989 (Facs. dell'ed. di Firenze del 1905)

Luzzasco Luzzaschi *Madrigali di Luzzasco Luzaschi per cantare et sonare,A uno, e doi,e tre soprani* Roma : Simoni Verovio, 1601 (Elio Durante,Anna Martellotti S.P.E.S Firenze 1980)

Guglielmo Ebreo da Pesaro *De practica seu arte tripudii* edited by Barbara Sparti Oxford University Press, USA ; New Ed edition,1995

Glen Segell *Striggio, Monteverdi's L'orfeo: An Excursion Into Its Neoplatonic Layers* 1997

本文掲載写真撮影・提供

《オルフェオ》＝藤井亜紀（写真提供：アントネッロ）
《聖母マリアの晩課》＝青柳聡（八三・八六ページ　写真提供：公益財団法人 神奈川芸術文化財団）／
（七九ページ扉〔撮影者不明〕　写真提供：ラ・ヴォーチェ・オルフィカ）
《ウリッセ 祖国への帰還》＝藤井亜紀（写真提供：アントネッロ）
《タンクレーディとクロリンダの戦い》＝今津勝幸（写真提供：公益財団法人 横須賀芸術文化財団）
《ポッペアの戴冠》＝藤井亜紀（二〇一三・二〇一七年とも　写真提供：アントネッロ）

モンテヴェルディ作品　上演記録

《タンクレーディとクロリンダの戦い》
横須賀芸術劇場一五周年記念オペラ
二〇〇九年二月八日　横須賀芸術劇場

タンクレーディ：宮本益光
クロリンダ：鈴木慶江
テスト：望月哲也
指揮：江崎浩司
演出：彌勒忠史

舞踊：花柳珠千鶴、求かづき
美術：荒田良
照明：西田俊郎
衣装：友好まり子
振付：花柳珠千鶴

《聖母マリアの晩課》
二〇一〇年四月一六日

カトリック東京カテドラル聖マリア大聖堂

指揮／音楽監督：濱田芳通

星川美保子（ソプラノ）
彌勒忠史（カウンターテナー）
畑　儀文（テノール）
青地英幸（テノール）
川島尚幸（テノール）
春日保人（バス）
小田川哲也（バス）

合唱：ラ・ヴォーチェ・オルフィカ
管弦楽：アントネッロ

《聖母マリアの晩課》
二〇一二年一月二七日　神奈川県立音楽堂

指揮／音楽監督：濱田芳通

澤村翔子（ソプラノ）
彌勒忠史（カウンターテナー）
高橋淳（テノール）
鹿野浩史（テノール）
春日保人（バス）
小笠原美敬（バス）

合唱：ラ・ヴォーチェ・オルフィカ
管弦楽：アントネッロ

《ポッペアの戴冠》
二〇一三年九月三日
川口総合文化センターリリア音楽ホール

指揮：濱田芳通
演出：彌勒忠史

ポッペア：和泉万里子
ネローネ：彌勒忠史
運命／オッターヴィア：澤村翔子
オットーネ／セネカの従者：酒井崇
美徳／ドゥルジッラ：末吉朋子

アルナルタ／セネカの従者：上杉清仁
セネカ：和田ひでき
愛：赤地佳怜
ヴァッレット：藤沢エリカ
兵士／ヌトゥリーチェ：島田道生
兵士／リベルト／セネカの従者／リットーレ：黒田大介

管弦楽：アントネッロ
ヴィオリーノ：戸田薫、パウル・エレラ
ヴィオラ・ダ・ガンバ：石川かおり、なかやまはるみ
ヴィオローネ：西沢央子
ファゴット／フラウト：古橋潤一
コルネット：細川大介
トロンボーネ：宮下宣子、大内邦靖
ティオルバ／キタッラ：高本一郎
オルガノ：矢野薫
アルパ・ドッピア／チェンバロ：西山まりえ
タンブレッロ：田島隆、濱元智行

照明：稲葉直人
衣装：友好まり子

音楽寓話劇《オルフェオ》
二〇一三年一二月四日
川口総合文化センターリリア音楽ホール

指揮：濱田芳通
演出：彌勒忠史

オルフェオ：黒田大介
音楽／エウリディーチェ：高山潤子
パストーレ／希望：上杉清仁
パストーレ／プルトーネ：酒井 崇
ニンファ／プロゼルピナ／バッカスの巫女：中本椋子
メッサッジェーラ：彌勒忠史
カロンテ：大澤恒夫
パストーレ／アポッロ：鹿野浩史
ニンファ／霊／バッカスの巫女：藤沢エリカ
パストーレ／霊：新海康仁
パストーレ／霊：白岩 洵
パストーレ／霊：望月忠親
パストーレ／霊：細岡ゆき

管弦楽：アントネッロ

ヴィオリーノ：杉田せつ子、天野寿彦
ヴィオラ・ダ・ガンバ：石川かおり、なかやまはるみ
ヴィオローネ：西沢央子
ファゴット／フラウト：古橋潤一
コルネット：細川大介
トロンバ：中村孝志、上倉 武
トロンボーネ：宮下宣子、大川邦靖、小林明、茂木光伸
ティオルバ／キタッラ：高本一郎
オルガノ：矢野薫
レガーレ：湯浅加奈子
アルパ・ドッピア／チェンバロ：西山まりえ

照明：稲葉直人
衣装：友好まり子

《ウリッセ 祖国への帰還》
二〇一四年三月二一日
川口総合文化センターリリア音楽ホール

指揮／音楽監督：濱田芳通
演出：彌勒忠史

ウリッセ：春日保人
ペネロペ：上島緑
テレーマコ：中嶋克彦
運命／ミネルヴァ：澤村翔子
アンフィノモ／ジョーヴェ：鹿野浩史
愛／ジュノーネ：末吉朋子
時／ネットゥーノ：小笠原美敬
フェアーチェ人／エウメーテ：黒田大介
フェアーチェ人／ピサンドロ：上杉清仁
フェアーチェ人／アンティノオ：酒井崇
イーロ：渡邉公威
エリクレア：人見珠代
人間の儚さ：彌勒忠史

管弦楽：アントネッロ
ヴィオリーノ：杉田せつ子、天野寿彦
ヴィオラ・ダ・ガンバ：石川かおり、なかやまはるみ
ヴィオローネ：西沢央子
ファゴット／フラウト：古橋潤一
フラウト：細岡ゆき
コルネット：細川大介

トロンボーネ：宮下宣子、小倉史生
ティオルバ／キタッラ：高本一郎
オルガノ：矢野薫
レガーレ：湯浅加奈子
アルパ・ドッピア／チェンバロ：西山まりえ
タンブレッロ：田島隆

照明：稲葉直人
衣装：友好まり子

《ポッペアの戴冠》
二〇一七年九月二日
川口総合文化センターリリア音楽ホール

指揮／音楽監督：濱田芳通
演出：彌勒忠史

ネローネ：彌勒忠史
ポッペア／運命：阿部雅子
オッターヴィア／美徳：阿部早希子
アルナルタ／セネカの従者：上杉清仁
オットーネ：中嶋俊晴
ドゥルジッラ／ヴェーネレ：末吉朋子
愛：加藤千春
ヴァッレット：赤地カレン
セネカ：和田ひでき
兵士／セネカの従者／ルカーノ：中嶋克彦
兵士／リベルト／セネカの従者／リットーレ：黒田大介

管弦楽：アントネッロ
ヴィオリーノ：杉田せつ子、天野寿彦
ヴィオラ・ダ・ガンバ：石川かおり
ヴィオローネ：西澤央子
ティオルバ／キタッラ：高本一郎
ファゴット／フラウト：古橋潤一
コルネット：細川大介
トロンボーネ：宮下宣子、大内邦靖
タンブレッロ：濱元智行
オルガノ：矢野薫
チェンバロ／アルパ・ドッピア：西山まりえ

照明：稲葉直人
衣装：友好まり子

彌勒忠史　みろく・ただし

カウンターテナー歌手。千葉大学卒業。同学大学院修了。東京藝術大学声楽科卒業。平成二四年度（第六三回）芸術選奨文部科学大臣新人賞（音楽部門）をカウンターテナーとして史上初めて受賞。国内外のオペラ・コンサート、「題名のない音楽会」、ＮＨＫラジオ「まいにちイタリア語」などのテレビ・ラジオ番組に出演。ＣＤに『No early music, No life?』（ＯＭＦ／朝日新聞推薦盤）など、著作に『歌うギリシャ神話』（アルテスパブリッシング）、『イタリア貴族養成講座』（集英社）などがある。ＮＨＫ「テレビでイタリア語」テキスト、『ぶらあぼ』『教育音楽』等に記事を連載。イタリア国立Ｇ・フレスコバルディ音楽院講師、東京藝術大学音楽学部声楽科教育研究助手を経て、現在、放送大学、学習院生涯学習センター非常勤講師。在日本フェッラーラ・ルネサンス文化大使。日本演奏連盟、二期会会員。男声ユニット「La Dill」リーダー。日本音楽コンクール、東京音楽コンクール等の審査員。二〇一六年佐渡裕指揮《夏の夜の夢》では主役のオベロンを、市川海老蔵特別公演《源氏物語》では歌唱および洋楽アドバイザーを務めた。

〈Books ウト〉
裏声歌手《うらごえかしゅ》のモンテヴェルディ偏愛主義《へんあいしゅぎ》
演奏《えんそう》・演出《えんしゅつ》の現場《げんば》から見《み》た《オルフェオ》《ウリッセ》《ポッペア》《ヴェスプロ》

二〇一八年六月三〇日　初版第一刷発行

著者　彌勒忠史　© Tadashi Miroku 2018

発行者　鈴木 茂・木村 元
発行所　株式会社アルテスパブリッシング
東京都世田谷区代沢五‐一六‐二三‐三〇三　〒一五五‐〇〇三二
電話　〇三‐六八〇五‐二八八六
ファックス　〇三‐三四一一‐七九二七
info@artespublishing.com

印刷・製本　太陽印刷工業株式会社
ブックデザイン　中島 浩
編集協力　編集室T/ut

Printed in Japan　ISBN978-4-86559-187-3　C1073
https://artespublishing.com

ページをめくれば、音楽。
アルテスパブリッシング

通奏低音弾きの言葉では、〈Booksウト〉　**鈴木秀美**［著］
「鍵盤楽器の隣」を定位置とし、旋律楽器にくらべて目立たず、なんとなく簡単そうな仕事と見られがちなバロック・チェロ奏者は、常日頃何を考えて演奏しているのか——。古楽演奏の現場から、ユーモアとペーソスをこめて伝える「通奏低音弾き」の日常。 装画：紫尾秀三郎／装丁：金子 裕
四六判・上製（仮フランス装）・224頁／定価：本体2200円＋税／ISBN978-4-86559-162-0 C1073

バッハ・古楽・チェロ　**アンナー・ビルスマ＋渡邊順生**［著］／**加藤拓未**［編・訳］
アンナー・ビルスマは語る〈Booksウト〉
草創期の古楽運動を牽引したバロック・チェロの巨匠と日本を代表するチェンバロ奏者による対話。レオンハルト、ブリュッヘンら盟友たち、「セルヴェ」ストラディヴァリウスほかの愛器、バッハ《無伴奏チェロ組曲》をめぐる音楽論・演奏論を語り尽くす！ 未発表ライヴを収録したCD付き。
A5判・上製・272頁＋1CD／定価：本体3800円＋税／ISBN：978-4-86559-148-4 C1073 装丁：金子 裕

古楽でめぐるヨーロッパの古都〈Booksウト〉　**渡邊温子**［著］
西洋音楽が生まれた中世から18世紀末まで、ヨーロッパの街と人と音楽とのつながりをたどる。ヴェネツィアやアントウェルペンなど有名都市から、ザンクト・ガレン、クレモナ、ツェルプスト、さらにはキプロス島や中南米まで。歴史と旅を愛するチェンバロ奏者が案内する音楽紀行！
四六判・並製・280頁／定価：本体2200円＋税／ISBN978-4-86559-143-9 C1073　装丁：金子 裕

ソング・オブ・サマー　真実のディーリアス
エリック・フェンビー［著］／**小町 碧**［訳］／**向井大策**［監修］
英国音楽史に屹立する孤高の作曲家フレデリック・ディーリアス。病に苦しむ作曲家に寄り添い、その最晩年の名作をともに紡ぎ出した青年音楽家が、みずみずしい筆致で綴った回想録の傑作、待望の完訳！「音楽と人生との関係について書かれた、もっとも美しい書物」（林田直樹）
四六判・並製・336頁／定価：本体2400円＋税／ISBN978-4-86559-171-2 C1073　装丁：桂川 潤

日本チェンバロ協会 年報 2017 創刊号　**日本チェンバロ協会**［発行］
巻頭には小林道夫氏へのインタビューを掲載。生誕400年・没後350年を迎えたドイツの作曲家フローベルガーの受容史・研究史・演奏解釈などを特集。故柴田雄康氏のアトリエ探訪記、書籍・楽譜紹介、海外音楽祭、ワークショップ、留学レポートなど充実の内容。
A5判・並製・152頁／定価：本体2800円＋税／ISBN978-4-86559-165-1 C1073　装丁：中島 浩

日本チェンバロ協会 年報 2018 第2号　**日本チェンバロ協会**［発行］
特集　チェンバロ復興と今
特集は、2017年5月におこなわれた座談会「チェンバロ復興と今——楽器と音楽から」の採録とランドフスカにかんする研究論文で構成。研究レポートは、18世紀末に刊行された初のフォルテピアノ教則本の日本語訳（前半部）と記譜法にかんする講座のレポートを掲載。
A5判・並製・156頁／定価：本体2800円＋税／ISBN978-4-86559-186-6 C1073　装丁：中島 浩

ワーグナーシュンポシオン 2017　**日本ワーグナー協会**［編］
特集 ワーグナーの呪縛（1）
日本のワーグナー研究の最新動向を伝える年刊誌。巻頭インタビューはダニエル・バレンボイム。特集ではブラームス、ニーチェ、ヒトラーなどとワーグナーの関係を探る。寄稿も充実。バイロイト音楽祭や国内の上演報告、内外の文献紹介ほか最新情報も満載。
A5判・並製・184頁／定価：本体2900円＋税／ISBN978-4-86559-167-5 C1073 装丁：中野達彦＋TRM

ペ　ー　ジ　を　め　く　れ　ば　、　音　楽　。

アルテスパブリッシング

歌うギリシャ神話　オペラ・歌曲がもっと楽しくなる教養講座　〈Booksウト〉　**彌勒忠史**［著］

イタリア・オペラには、ギリシャ神話の神々や、イタリア人なら誰もが知るエピソードがひんぱんに登場し、日本人が入っていくのは大変！　そこで大人気歌手がギリシャ神話の基礎知識を教えます。有名エピソード、性格、必携アイテムなどを知ってオペラや歌曲を100倍楽しもう！

四六判・並製・224頁／定価：本体2000円＋税／ISBN978-4-86559-156-9 C1073　装丁：金子 裕

歌の心を究むべし　**濱田芳通**［著］

古楽とクラシックのミッシングリンクを求めて　〈Booksウト〉

〈音楽〉はいったいどこにあるのか？――日本の古楽界をリードするアンサンブル「アントネッロ」のリーダーにして、リコーダーとコルネットのヴィルトゥオーゾとして知られる著者が、深遠なる音楽の海を軽妙洒脱な文章で泳ぐ。初の書き下ろし音楽エッセイ集！

四六判・上製・196頁／定価：本体2200円＋税／ISBN978-4-86559-168-2 C1073　装丁：中島 浩

イタリア・オペラを疑え！　名作・歌手・指揮者の真実をあぶり出す　**香原斗志**［著］

朝岡聡さん推薦！　グリゴーロ、フローレス、ヌッチ、脇園彩、マリオッティ、ルスティオーニ、バッティストーニ……「いまが旬」の歌手・指揮者にインタビュー＆取材を敢行！　ロッシーニ、ドニゼッティ、ベッリーニ、ヴェルディ、プッチーニ……あの名作の真の姿とは？　装画：岡田 丈

四六判・並製・260頁／定価：本体2000円＋税／ISBN978-4-86559-176-7 C1073　装丁：福田和雄

《ニーベルングの指環》教養講座　**山崎太郎**［著］

読む・聴く・観る！ リング・ワールドへの扉　〈いりぐちアルテス〉007

その途方もないスケールの大きさ、さまざまな学問・芸術領域におよぶ奥行きの深さなどから、「音楽史上もっとも敷居の高い作品」のひとつとして知られる楽劇を、人間のいとなみすべてに連関する総合的なテクストととらえ、初心者にもわかりやすく解説。　装画：田渕正敏

四六判・並製・376頁／定価：本体2000円＋税／ISBN978-4-86559-153-8 C1073　装丁：折田 烈

キーワードで読む　**オペラ／音楽劇 研究ハンドブック**　**丸本隆**ほか［編］

愉しむときも、知りたいときもこの１冊。最新の研究成果を82のキーワードで！　作曲家、作品だけでなく、その背景、様式、受容まで、オペラ／音楽劇をめぐる多様で豊潤な世界を一望。日本の音楽劇である能楽、歌舞伎、浄瑠璃などあらゆる分野を網羅。愛好家・研究者の座右の１冊に！

A5判・並製・452頁／定価：本体4800円＋税／ISBN978-4-86559-158-3 C1073　装丁：中島 浩

シューベルトの「冬の旅」　**イアン・ボストリッジ**［著］／**岡本時子＋岡本順治**［訳］

「ボストリッジは音楽の解釈者のなかでももっとも才能ある文筆家である」（アルフレート・ブレンデル）。英国の誇る世界的リート歌手が、1000回を超える演奏経験と、文学・歴史・政治・自然科学におよぶ広大な知見と洞察にもとづいて著した、いまだかつてない刺激的なシューベルト論。

A5判変型・上製・440頁／定価：本体5800円＋税／ISBN978-4-86559-150-7 C1073　装丁：桂川 潤

ヘンデル《メサイア》研究　楽曲分析と解釈　**中内幸雄**［著］

樋口隆一氏、推薦！　オラトリオ《メサイア》全曲を、半世紀を超える演奏経験をもとに徹底分析。歌詞、楽曲の構成、モティーフ、歴史的背景など、考え得るすべての要素について分析と解釈をおこなった記念碑的労作。演奏家、指導者、音楽愛好家必携の《メサイア》バイブルが誕生！

B5判・上製・528頁／定価：本体8000円＋税／ISBN：978-4-86559-110-1 C1073　装丁：下川雅敏